Kastanien

Erica Bänziger

Fredy Buri

Kastanien

Zweite Auflage 2005

© 2003 Edition FONA GmbH, CH-5600 Lenzburg; www.fona.ch

Einführung: Edith Beckmann, Frauenfeld

Verantwortlich für das Lektorat: Léonie Haefeli-Schmid

Gestaltung Umschlag: Dora Eichenberger-Hirter, Birrwil

Gestaltung Inhalt: Andrea Heimgartner, Zürich

Foodbilder: Andreas Thumm, Freiburg i. Br.

Stimmungsbilder: Erica Bänziger, Verscio (Seiten 6, 8/9, 10/11, 12/13, 14/15,
18/19, 20/21, 24/25, 26/27, 30/31, 32/33, 34/35, 52/53, 80/81,
102/103), Rosmarie Gwerder, Bondo (Seiten 16, 17, 19, 23, 26, 28, 32, 33),
Werner Geibel, Verscio (Seiten 14, 15, 16/17, 20, 21, 22/23, 28/29),
Robert Schmid, Obererlinsbach (Seite 18), Giosanna Crivelli, Montagnola
(Seiten 26, 27, 29, 52, 103), Beat Ernst, Basel (Seite 34)

Lithos: Neue Schwitter AG, Allschwil

Druck und Bindung: Druckerei Uhl, Radolfzell

ISBN 3-03780-147-6

Vorwort

Bäume haben mich bereits während meiner Kindheit ganz besonders fasziniert. Das hat sich denn auch bis auf den heutigen Tag nicht geändert. Neben den knorrigen Olivenbäumen sind es vor allem die mächtigen Edelkastanienbäume, die eine magische Anziehungskraft auf mich ausüben. Während meiner Lehr- und Wanderjahre im Tessin begegnete ich ihnen auf Schritt und Tritt. Ihre schmackhaften Früchte haben mich inspiriert, in meiner Küche immer wieder neue Köstlichkeiten auszuprobieren. Vielleicht gerade deshalb, weil ich weder Vermicelles noch glasierte Kastanien mit Rotkraut besonders gerne mochte. Die gelungenen Kreationen haben mich angespornt, immer wieder neue Kastanienrezepte auszutüfteln. Fündig geworden bin ich aber auch in alten Büchern und als Gast bei Tessiner Familien, die ihre traditionellen Gerichte in Ehren halten. Wo nötig, habe ich die überlieferten Rezepte heutigen Erkenntnissen einer gesunden Ernährung angepasst.

Die fast vergessene Kastanienkultur erlebt zur Zeit eine geradezu erstaunliche Renaissance. Doch sie kann nur Bestand haben, wenn wir den großen Nähr- und Gesundheitswert der Kastanie bewusst anerkennen und die Früchte regelmäßig in den Speiseplan integrieren. Abgesehen vom kulinarischen Erlebnis unterstützen wir mit dem Konsum der Kastanien auch viele Kleinbauern in abgelegenen Tälern, bevor sie ihre karge Scholle verlassen und in die Städte abwandern.

Die großen Anstrengungen für eine Wiederbelebung der Kastanienkultur haben seit dem Erscheinen des ersten Kastanienkochbuches im Jahre 1996 deutlich zugenommen. Die Selven werden an vielen Orten wieder in Stand gestellt und vor allem auch fachgerecht gepflegt. Denn nur so ist es möglich, eine gute Ernte zu erzielen und die Bäume gesund zu erhalten. Sehr eindrücklich kann man diese Bemühungen auf einer Wanderung durch die Kastanienwälder entlang des neu errichteten Weges im Malcantone im Tessin erleben.

Gleichzeitig findet man auch auf dem Markt immer mehr verbrauchsfertige Kastanienprodukte, die alle dazu beitragen, die wertvollen Früchte des Waldes zu genießen. Edelkastanien sind wahre Geschenke der Mutter Natur!

Denn was gibt es Schöneres, als an einem trüben Wintertag die vor Kälte klammen Finger an heißen Marroni zu wärmen und den Magen zu laben? Und zwar mit gutem Gewissen: Gebratene Marroni sind wohl das gesündeste und natürlichste «Fastfood» der Welt.

Die köstlichen Kastanien bereichern aber auch unsere Alltagsküche. Sie finden in zahlreichen Speisen Verwendung und eignen sich hervorragend für die Zubereitung vegetarischer Gerichte. Besonders für die immer größer werdende Gruppe von Allergikern und Menschen mit Zöliakie ist das aus getrockneten Kastanien hergestellte Mehl eine willkommene Alternative als Ersatz für Weizenmehl, etwa für die Zubereitung von Crêpes und Biskuitteigen.

Gründe genug also, erneut ein Kastanienkochbuch zu veröffentlichen und mit zahlreichen neuen Rezepten zum Ausprobieren zu animieren. Zusammen mit meinem Mitautor Fredy Buri, einem ebenfalls eingeschworenen Marronifan, möchte ich aber auch einen kleinen Beitrag zur Erhaltung der eindrücklichen Kastanienkultur in den Anbaugebieten im südlichen Europa und in der Schweiz leisten.

Erica Bänziger

Alles, was mir während meiner Lehre und als Koch in sehr guten Hotels der Schweiz über Edelkastanien begegnete, waren «Vermicelles» bei den Süßspeisen und glasierte Kastanien zu Rotkohl und Wild.

Erst als ich mich entschloss, in der Ardèche in Frankreich, inmitten der prächtigen Kastanienwälder, eine Ferienpension zu eröffnen, stellte sich die Frage: Wohin nur mit all den Bergen reifer Kastanien und Marroni, die jeden Herbst auf unserem Gelände von den Bäumen kullern?

Die Lösung: Probieren geht übers Studieren! So pröbelte ich tagelang in unserer Küche an Marronirezepten in allen möglichen Varianten. Freunde und Gäste «mussten» jeweils probieren. Gleichzeitig war mir aber auch klar, dass bei solchen Mengen Kastanien von teilweise uralten Bäumen auch entsprechend traditionelle Rezepte vorhanden sein mussten. Also redete ich mit alten Frauen, besorgte Literatur und kombinierte Altes mit Neuem.

Der Zufall wollte es, dass Erica Bänziger bei uns einige Tage Urlaub verbrachte. Meine Marroniphase und die vielen Selven in der Umgebung haben sie wohl veranlasst, das erste Kastanienkochbuch zu schreiben, zu dem ich auch ein paar Rezepte beigesteuert hatte.

Auf offene Ohren und Türen stieß ich auch beim «Conseil général de l'Ardèche», welcher die Kastanienproduktion steigern wollte. Heute besteht ein sehr weit fortgeschrittenes Projekt, fast ein Drittel des Département Ardèche in einen «Regionalpark der Edelkastanien» umzuwandeln.

Das Interesse an den Früchten und ihrer Zubereitung ist auch in Frankreich groß. Ich bin überzeugt, dass die ausgesprochen leckeren Rezepte in diesem Buch und der prächtige Anblick uralter Kastanienbäume auch den letzten Skeptiker umstimmen und hoffentlich schon bald zu einem Marronigourmet machen werden. Denn außer Vermicelles und Rotkraut mit Kastanien gibt es noch weit mehr und anderes, ausgesprochen Schmackhaftes zu entdecken.

Fredy Buri

Einführung

Leckere Nuss aus dem Kaukasus

Die veredelten Kastanienbäume mit weit ausladender Krone stammen vermutlich aus den Ländern des Kaukasus, dem gebirgigen Gebiet zwischen Schwarzem und Kaspischem Meer. Die alten Armenier hatten sie kultiviert und die köstlichen Früchte mit «Kasutah» bezeichnet, dem persischen Wort für «trockene Frucht».

Die Römer latinisierten die armenische Bezeichnung zu «Castanea», die der britische Botaniker Miller 1759 um das Wort «sativa» erweiterte. Dies bedeutet so viel wie «sättigen» und dokumentiert die kulinarische Wertschätzung. Seither trägt die essbare Europäische Kastanie die botanische Bezeichnung «Castanea sativa» und distanziert sich damit deutlich von der Rosskastanie (Aesculus hippocastanum).

Begeistert waren die Römer aber auch vom Holz des Kastanienbaums. Es ist elastisch und dank des hohen Tanningehalts ausgesprochen witterungsbeständig. Daraus zimmerten die Römer Küchenutensilien, Tragkörbe und Fässer für ihren Wein. Die jungen Austriebe dienten als begehrte Pfähle für ihre Reben. Mit ihrem starken Wuchs, sogar in höheren Lagen bis auf etwa 1000 Meter über Meer, war die Kastanie zur Kultivierung geradezu prädestiniert.

Der Siegeszug der Kastanie

Mit der Ausdehnung des Römischen Reichs verbreitete sich auch die Kastanienkultur. Auf der Alpensüdseite führte sie zu einer konsequenten Umnutzung der Landschaft. Die herkömmliche Brandrodung zur Schaffung von Acker- und Weideland wich zu Gunsten einer aktiven Bewirtschaftung des Bodens mit Kastanienwäldern.

Auch nördlich der Alpen schlugen die mächtigen Kastanienbäume Wurzeln. Karl der Große (742 bis 814) proklamierte ihren Anbau per kaiserliche Landgüterverordnung («Capitulare de villis», um 812 n. Chr.). Damit hielt die essbare Edelkastanie, zusammen mit andern Bäumen des Südens wie Feigen und Mandeln, Einzug in deutsche Landen. Sogar der Grundriss des Klosters St.Gallen, datiert aus dem Jahre 820, sieht einen «Castenarius» vor, einen Kastanienhain.

Der deutsche Begriff «Marone» hat sich um 1600 eingebürgert, entlehnt aus dem französischen «marron» und dem italienischen «marrone». Möglicherweise fußen diese Namen in der Odyssee: Der griechische Dichter Homer nannte die Kastanie «Maraon».

In der Südschweiz etablierte sich die Kastanienkultur vor rund tausend Jahren. Die Zunahme der mittleren Temperatur begünstigte den Anbau bis in die oberen alpinen Täler. Auf den kargen Schollen wuchs kaum genug Getreide fürs tägliche Brot.

Der Brotbaum der Armen

In Tat und Wahrheit lieferten Kastanienbäume auf den mageren
Seitenhängen der Alpen zwei- bis dreimal mehr Kalorien pro kultivierte
Einheit als der Getreideanbau. «Ein Baum pro Kopf» galt im Tessin
als Faustregel, um die hungrigen Mäuler zu stopfen. Vorerst einmal, bis
Mais und Kartoffeln aus der Neuen Welt in der Südschweiz vor kaum
200 Jahren Einzug gehalten haben und erneut während der beiden
Weltkriege, als Grundnahrungsmittel knapp und Geld rar waren.

Wenn Hungersnöte drohten, mutierte «Castanea sativa» zum
lebenserhaltenden Baum, mindestens für die arme Bergbevölkerung
im Tessin. Für sie waren die Kastanien während vier bis sechs Monaten
im Jahr das tägliche Brot. Die veredelten Kastanienbäume nannten sie
schlicht, aber bedeutungsvoll «arbur», das Wort für «Baum». Der Begriff
hat in verschiedenen Tessiner Dialekten bis heute Gültigkeit. Der
Kastanienhain heißt entsprechend «Selva» für «Wald».

Zuviel Aufhebens für eine Frucht, die gleichzeitig auch Nuss und Samen ist?
Wer ausschließlich heiße Marroni kennt und schätzt, wird sich wundern:
Im Tessin gedeiht noch heute eine unglaubliche Vielfalt essbarer Kastanien.
Die Außenstelle Alpensüdseite der Forschungsanstalt für Wald, Schnee
und Landschaft Birmensdorf (WSL) hat in mühsamer Kleinarbeit mehr als
100 (!) verschiedene Sortennamen registriert.

       Von Dorf zu Dorf variiert das Angebot meistens zwischen
vier und fünf, teilweise sogar bis zu 14 Sorten. Es handelt sich um
ausgewählte Kombinationen von früh- bis spätreifenden Kastanien mit verschiedenen Eigenschaften für unterschiedliche Verwendungszwecke.

Alles Marroni?

Essbare Kastanien sind längst nicht nur Marroni. Die Unterschiede
sind allerdings eher kommerzieller als botanischer Art und werden von
Land zu Land anders definiert. Die «marrons» der Franzosen weisen
höchstens zwölf Prozent Innenhaut-Einschlüsse auf. In Italien und in der
Südschweiz gelten andere Kriterien: Marroni sind große Früchte
mit höchstens 80 bis 85 Stück pro Kilo; sie sitzen in ihrer stacheligen
Hülle höchstens zu dritt und sind elipsenförmig. Ihre Außenhaut
ist hell, durchzogen mit dunkleren Rippen. Die Innenhaut ist nicht ein-
gewachsen und lässt sich leicht entfernen. Das Fruchtfleisch ist
fest und schmeckt angenehm süß. Mit diesen Qualitätskriterien erzielen
Marroni deutlich höhere Preise und dominieren den Kastanienmarkt.

Jedenfalls vorläufig, denn mit dem zunehmenden Bedürfnis
nach Naturprodukten und gesunder Nahrung steigt auch die Nach-
frage nach Kastanien, hauptsächlich aus biologischem Anbau. So gesehen
haben alte, einheimische Sorten durchaus ihre Chance.

Edelkastanien auf dem Prüfstand

Kastanienbäume mit ihren feinen Früchten verdienen ihre Verbreitung –
sogar nördlich der Alpen. Dass das keine Utopie zu sein braucht,
zeigt eine Sortenprüfung der Eidgenössischen Forschungsanstalt für
Obst-, Wein- und Gartenbau in Wädenswil (FAW) in Zusammen-
arbeit mit der WSL.

In den Achtzigerjahren pflanzten Wissenschaftler Sämlinge
von ausgewählten Kastanienbäumen auf einer Randparzelle der
Forschungsanstalt in Wädenswil am Zürichsee und überließen sie mehr
oder weniger ihrem Schicksal (extensive Sortenprüfung).

Klimatische Einflüsse und die Bodeneigenschaften haben
den Bestand nach und nach reduziert. Bei einem jährlich durchge-
führten Marronibraten verglichen die Zuständigen jeweils die Früchte der
verschiedenen Bäume.

Anfang 1999 veröffentlichten Peter Rusterholz und
Alfred Husistein von der FAW die Ergebnisse: Vier Sorten haben sich
einerseits als überlebensfähig in Wädenswil erwiesen und anderer-
seits auch bei den Degustationen gut abgeschnitten. Drei sind Sämlinge
aus dem Tessin, die nun die Namen «Marowa», «Brunella» und «Golino»
tragen. Sie sind eher kleinfruchtige, typische Tessiner Kastanien. Dies im
Gegensatz zur vierten, großfruchtigen Sorte «Bouche de Betizac»,
einer Selektion des französischen Forschungsinstituts INRA in Bordeaux,
Frankreich.

Sorten für Liebhaber und Selbstversorger

Die Wissenschaftler der Forschungsanstalt empfehlen die vier Neuheiten zwar nicht für den Erwerbsanbau, weil eine konkurrenzfähige und rentable Edelkastanienproduktion nördlich der Alpen nicht möglich sei. Für den Eigenbedarf würden sich die geprüften Sorten hingegen sehr wohl eignen. Voraussetzungen sind ein warmer Standort wie für den Rebbau sowie saurer Boden mit einem pH-Wert von 5 bis 6,5. Weil Edelkastanien als selbstunfruchtbar gelten, ist für eine ertragreiche Ernte mindestens ein zweiter Baum für die Pollenübertragung nötig. Die Sorte «Brunella» könnte dank ihrem schönen Wuchs auch als Zierbaum Karriere machen.

Wo es dem Kastanienbaum gefällt, kann er die stattliche Höhe von 25 bis 30 Meter erreichen. Allerdings gibt es auch deutlich schwächerwüchsige Sorten. Einige tragen bereits nach ein paar Jahren die ersten stachelig ummantelten Früchte, andere erfordern 10 bis 15 Jahre Geduld. Die an der FAW geprüften Bäume brachten im 10. Standjahr eine respektable Ernte von 30 bis 40 Kilogramm.

Gemäß schriftlicher Überlieferung erreichen kräftige und gesunde Bäume den höchsten Ertrag im Alter von rund 100 Jahren und erst weitere hundert Jahre später lässt die Früchteproduktion nach! Ein Kastanienbaum kann so alt werden wie Methusalem, 500 Jahre sind keine Seltenheit. Auf der Alp Brusino am Monte S. Giorgio (Tessin) steht ein Baum, der tausend Jahre alt sein soll.

Erntetradition im Tessin

Zwischen Mitte September und November – je nach Sorte und Region – fallen die Kastanien samt ihren Hüllen, Ricci genannt, vom Baum. In früheren Zeiten im Tessin bedeutete das schulfrei, was möglicherweise nur kurzfristig verlockend war. Denn während Wochen mussten mit gebücktem Rücken, und mit Handschuhen gegen die Stacheln bewaffnet, Kastanien vom Boden aufgelesen werden.

Der Namenstag des Heiligen Kornelius (16. September) galt als Stichdatum: Von diesem Tag an war jegliche Beweidung der Kastanienhaine verboten. Betreten durften die Selven dann nur die Eigentümer oder die zugelassenen Sammler. Die Ernte dauerte bis Allerheiligen (1. November) oder bis Heiliger Martin (11. November), in höheren Lagen bis Heilige Katharina (25. November). Danach wurde die Ernte freigegeben. Und jeder konnte die Kastanien einsammeln.

Wenn die wie Seeigel anmutenden Hüllen reif sind und vom Baum fallen, dann sind sie meistens geöffnet und die glänzend braunen Kastanien leicht zu entnehmen. Sie sollten keinesfalls vom Baum geschlagen werden, weil sie in den letzten Tagen vor dem natürlichen Fall einen wichtigen Reifungsprozess durchmachen.

In den Tessiner Gebieten mit ausgedehnter Kastanienkultur hat man die Hüllen hingegen zur Konservierung genutzt. Das

Herabschlagen war Sache des Familienoberhauptes, während die übrigen Sippenmitglieder die noch intakten «Igel» zusammenlesen und von den losen Früchten trennen mussten. Die geschlossenen Hüllen wurden zu einem Gärhaufen aufgeschichtet, dann mit Stroh, Farnkraut, Ginster, Reisig und sogar mit Steinen bedeckt. Solchermaßen von äußeren Einflüssen isoliert und somit unter Sauerstoffmangel, setzt ein Gärprozess ein, der die Haltbarkeit der Kastanien bis zum nächsten Frühjahr ermöglicht.

Die Konservierung der Kastanien

Ausgereift vom Baum gefallen gehen Kastanien schnell einmal den Weg alles Irdischen. Sie müssen mindestens jeden zweiten Tag aufgelesen und haltbar gemacht werden, andernfalls droht Wurm- und ebenfalls Schimmelbefall. Traditionell legt man die Kastanien während 5 bis 9 Tagen in kaltes Wasser und bewahrt sie nach Abtrocknen schichtweise in trockenem Sand oder Sägemehl auf.

Damit Kastanien in früheren Zeiten bis zur folgenden Ernte haltbar waren, hat man sie in der Wärme eines Feuers getrocknet, entweder in Hurden über dem heimischen Herd in der Küche, in einem Cheminée oder in Dörrhäusern als eigenständige Bauten. Dörrhäuser standen teilweise mitten im Dorf, aus praktischen Gründen aber meistens direkt in den Selven. In den Kastanienhainen war Holz vor Ort jederzeit vorrätig. Zudem konnte man sich auch den Transport der frischen und somit schweren Früchte sparen. Ein weiteres Argument, das damals überlebenswichtig war: Die Brandgefahr im Dorf ließ sich vermeiden.

Gefeuert wurde selbstverständlich mit Kastanienholz, die Höhe der Flammen mit Kastanienlaub reguliert. Unter gelegentlichem Wenden trockneten die ausgebreiteten Früchte in der Wärme und im Rauch, der ihnen ein typisches Aroma nach Geräuchertem verlieh. Notabene ein Verfahren, das noch heute Anwendung findet. Das

Feuer war Tag und Nacht zu unterhalten, bis der Dörrvorgang nach rund 3 Wochen – je nach Dörranlage – vollendet, die Feuchtigkeit verdunstet und allfällige Pilzsporen, Mikroben und Wurmeier abgetötet waren. Die Kastanien schrumpfen während des Trocknungsprozesses auf etwa einen Drittel ihres ursprünglichen Volumens.

Nach dem Dörren schälte man die Kastanien meistens durch Schlagen. Dann wurden sie gesiebt und aus den kleinen sowie den zerbrochenen Früchten Kastanienmehl hergestellt. Zeugnis aus dieser Zeit ist eine der ältesten Turbinenmühlen auf der Alpensüdseite in Altirolo. Ihre Besitzer haben sie vor wenigen Jahren originalgetreu saniert und in Stand gestellt.

Die Kunst der Haltbarmachung

Heutige Konservierungsmethoden sind zwar um einiges rationeller, aber sie halten im Prinzip an der alten Tradition fest. Das Centro di Cadenazzo, die Tessiner Unterstation der Forschungsanstalt Changins, empfiehlt verschiedene Methoden, je nach Verwendungszweck der Früchte. Nach der Ernte werden sie auf jeden Fall zuerst einmal einer Warmwasserbehandlung (Thermisierung) unterzogen: Die Kastanien legt man während 45 Minuten in ein 50 °C heißes Wasserbad und kühlt sie anschließend in kaltem Wasser ab. Diese Prozedur dient in erster Linie der Entwurmung.

Für die Herstellung von geschälten Kastanien und auch Kastanienmehl folgt nach dem Wasserbad die Trocknung. Für Marrons glacés werden die Kastanien geschält und tiefgefroren, bei Bedarf gekocht und mit Zucker glaciert.

Für gebratene Marroni legt man die Früchte nach der Thermisierung über Nacht in kaltes Wasser und lässt sie danach trocknen. Das reduziert die Anfälligkeit auf Pilzbefall, genauso wie die anschließende Trocknung an einem warmen Ort oder mit einem Kaltluftgebläse. So vorbehandelte Kastanien können bei Temperaturen unter 10 °C während drei bis vier Monaten gelagert werden.

Kastanie und Gesundheit

Die Kastanien sind ein reines Naturprodukt, die in lichten Hainen (extensiver Anbau) ohne jegliche chemisch-synthetische Hilfsmittel kultiviert werden. Kastanien, naturbelassene Getreidekörner (das volle Korn) und Kartoffeln sind Stärkeprodukte (Kohlenhydrate) und vom Nährwert her sehr ähnlich; sie können untereinander ausgetauscht oder kombiniert werden.

Die Kastanie ist zusammen mit der Kartoffel und dem Mais eines der wenigen basenbildenden Stärkeprodukte (im Gegensatz zum Getreide, das immer säurebildend ist). Mit Kastanienprodukten leisten wir also einen Beitrag im Kampf gegen die Übersäuerung des Organismus. Die Frucht ist reich an Kalium, was zu einer natürlichen, sanften Entwässerung des Organismus führt. Da die Kastanie kein Klebereiweiß (Gluten) enthält, eignet sie sich auch bei Glutenunverträglichkeit (Zöliakie).

Der Nährwert der Kastanie

100 g frische, geschälte Kastanien enthalten

Kcal/kJ   192/813

Eiweiß	2,48 g
Fett	1,9 g
Kohlenhydrate	41,2 g
Fasern	8,37 g
Wasser	44,87 g
Natrium	2 mg
Kalium	707 mg
Kalzium	33 mg
Magnesium	5 mg
Phosphor	87 mg
Eisen	1,32 mg
Vitamin A	12 mg
Vitamin B_1	0,23 mg
Vitamin B_2	0,22 mg
Niacin	0,5 mg
Vitamin C	6,0 mg

Kastanien in der Küche

Die ab Herbst bis Ende Februar im Handel erhältlichen Marroni sind für den sofortigen Verbrauch bestimmt; im Gemüsefach des Kühlschrankes sind sie in einem Papiersack (!) während einiger Tage lagerfähig. Dann trocknen sie ein, verlieren von ihrem köstlichen Aroma oder werden schlimmstenfalls von Schimmel befallen. Frische Kastanien können jedoch problemlos tiefgekühlt werden.

Erntefrische Kastanien tiefkühlen

Die Kastanien etwa eine Stunde in kaltes Wasser legen. Dann gut die Hälfte der Schale auf der runden Seite mit einem scharfen Messer nur so tief einritzen, dass die Frucht nicht verletzt wird. Anschließend in kochendem Wasser portionenweise während rund 4 Minuten (ab Siedepunkt des Wassers gemessen) blanchieren.

Zum Braten Die blanchierten Früchte (mit Schale) im kalten Wasserbad auskühlen lassen, dann in Tiefkühlbeutel füllen, mit Datum und Gewicht auszeichnen und einfrieren. Lagerzeit: etwa 12 Monate.

Zum Kochen Die Früchte nach dem Blanchieren noch möglichst heiß schälen, die Häutchen mit einem Messer entfernen. Ausgekühlte, vorbereitete Kastanien in einen Tiefkühlbeutel füllen und einfrieren. Lagerzeit: etwa 12 Monate.

Püree Man kocht die geschälten Früchte im Dampf bis sie zerfallen und püriert sie mit einem Stabmixer oder dreht sie durch das Passevite. Nach Belieben süßen und in Tiefkühldosen oder -beuteln einfrieren. Lagerzeit: rund 12 Monate.

Erntefrische Kastanien für den sofortigen Verbrauch

Rohverzehr Frische Kastanien kann man auch roh essen. Ihr volles
Aroma entfalten sie jedoch erst durch das Rösten oder Kochen;
dann lassen sie sich auch besser schälen.

Blanchieren und schälen Die Kastanien etwa eine Stunde in kaltes
Wasser legen. Dann blanchiert man die frischen, eingeritzten
Früchte portionenweise während 4 Minuten in kochendem Wasser.
Anschließend die noch heißen Früchte schälen, Häutchen mit einem
Messer entfernen. Geschälte Kastanien gemäß Rezept weiterverarbeiten.

Heissi Marroni

Marroni-Ofen Die Marroni etwa eine Stunde in kaltes Wasser legen.
Am besten lassen sich frische, eingeritzte Früchte in einem speziellen
Marroni-Ofen (Seite 125) gemäß Gebrauchsanweisung zubereiten.

Backofen Ofen auf 220 °C vorheizen. Zuvor eingeweichte, eingeritzte
Marroni einlagig auf ein Blech legen, unter gelegentlichem Wenden
mit dem Holzspachtel braten, bis die Schalen aufspringen. Bratzeit: rund
20 Minuten.

So finden Kastanienprodukte Verwendung

Ungesüßtes Püree aus dem Glas

Suppen, süßes und salziges Gebäck, Eiscreme, Parfaits, Desserts, Brotaufstrich

Süßes Kastanienpüree

Eiscreme, Parfaits, Desserts, Vermicelles

Kastanien nature aus dem Glas

Suppen, Salate, Terrinen, pikante Aufläufe, für die Verarbeitung zu Püree, zum Backen

Kastanienmehl

Für die Zubereitung von Kleingebäck, Brot, Focacce, Pizzas, Crêpes, Spätzli, Nudeln, usw.; entweder pur verwenden oder mit einem anderen Mehl (Weizen- oder Dinkelmehl) mischen. Wichtig: Kastanienmehl aus luftgetrockneten (!) Früchten hat einen wenig aufdringlichen, angenehmen, leicht süßlichen Geschmack. Kastanienmehl aus im Feuer getrockneten Früchten hat ein typisches Aroma von Geräuchertem und ist von intensivem Geschmack; Back- und Bratgut bekommen einen leicht bis stark bitteren Geschmack.

Kastanienflocken

Müesli, schnelle Suppen, Desserts, als Snack zum Knabbern

Kastanienlikör

Zum Aromatisieren von Desserts und süßem Gebäck

In allen Rezepten können frische, tiefgekühlte, gekochte oder eingelegte Kastanien aus dem Glas (Biohandel) verwendet werden, genauso wie die entsprechende Menge getrockneter, bereits vorgekochter Früchte.

Kochen mit Kastanien

Frische Kastanien

1 kg frische Kastanien (mit Schale) entsprechen 850 g blanchierten, geschälten Kastanien.

Gekochte Kastanien

Blanchierte, geschälte Kastanien (Seite 30) im Dampf im Siebeinsatz 10 bis 12 Minuten garen.

Dörrkastanien

100 g getrocknete Kastanien entsprechen 200 g gekochten Kastanien. Getrocknete Kastanien sollten über Nacht in reichlich kaltem Wasser eingeweicht werden. Das Einweichwasser weggießen. Braune Häutchen vor dem Kochen entfernen.

- Kastanien im Dampfdruckkochtopf in wenig Wasser während rund 30 Minuten garen
- In einer Pfanne mit wenig Wasser während 45 bis 50 Minuten kochen, je nach Verwendungszweck und gewünschter Konsistenz.
- Schnelle Variante: 200 g getrocknete Kastanien mit ½ l Wasser in einen Dampfdruckkochtopf geben und bei schwacher Hitze etwa 30 Minuten garen. Häutchen entfernen, braune Stellen wegschneiden und die Kastanien weiterverarbeiten.
- Wichtig: Die weitere Garzeit ist unbedingt zu berücksichtigen, also die Kastanien nicht zu weich garen.

Tiefgekühlte Kastanien

Ohne vorheriges Auftauen während 4 bis 15 Minuten garen.

Kastanien im Glas

Essbereit; auch für die schnelle Küche

Püree, gesüßt und ungesüßt

Essbereit

Juni

Salate – Sup

pen – Vorspeisen

Bunter Endiviensalat

für 4–6 Personen als
Hauptspeise
für 8 Personen als Vorpseise

**1 kleiner bis mittelgroßer
Cicorino rosso/
Radicchio di Verona
1 Brüsseler Endivie/
weißer Chicorée
¼ krause Endivie/Escariol
glattblättrige Petersilie
2 EL natives Olivenöl extra
zum Braten
100–150 g Shiitake, Steinpilze
oder Champignons
100 g gekochte Kastanien aus
dem Glas
12 Baumnuss-/Walnusskerne,
grob gehackt
1 Thymianzweigchen, Blättchen
abgezupft
100 g Roquefort, zerbröckelt,
oder anderer Käse
100 g Bratspeckscheiben**

Sauce
**4–6 EL natives Olivenöl extra
2 EL Balsamico-Essig
½ Zitrone, Saft
Kräutermeersalz oder Meersalz
nach Belieben
frisch gemahlener Pfeffer**

1
Cicorino rosso, Brüsseler Endivie und krause Endivie
in mundgerechte Stücke schneiden. Petersilie von den
Stielen zupfen.

2
Die Pilze trocken abreiben, je nach Größe ganz lassen,
halbieren, vierteln oder in Streifen schneiden. Im Olivenöl
einige Minuten braten, mit Salz und Pfeffer abschmecken.

3
Kastanien mit den Baumnusskernen im Olivenöl kurz
knusprig braten, mit Thymianblättchen, Salz und Pfeffer
würzen.

4
Die Speckscheiben in der heißen Pilzpfanne ohne Fett kurz
braten.

5
Die Sauce zubereiten, mit wenig Kräutersalz und Pfeffer
würzen.

6
Blattsalate, Petersilie, Pilze, Kastanien-Baumnuss-Gemisch
und Roquefort vermengen, auf Tellern anrichten. Sauce
darüber träufeln. Mit den Speckscheiben garnieren.

Variante
Den Speck durch Bündner Fleisch ersetzen. Die Scheiben
aber nicht braten, sondern lediglich einrollen.

Fruchtiger Herbstsalat

200 g geschälte Kastanien,
Seite 30 ff.
1 EL natives Olivenöl extra
2 mittelgroße rote Äpfel
200 g blaue Traubenbeeren
2 Brüsseler Endivien/
weißer Chicorée

Marinade
3–4 EL weißer Balsamico-Essig
frisch gemahlener Pfeffer
Kräutermeersalz
2 EL kalt gepresstes
Haselnussöl
3 EL natives Olivenöl extra

½ Bund Rucola

1
Die geschälten Kastanien im Siebeinsatz im Dampf
10 bis 12 Minuten weich garen. Abkühlen lassen. In einer
Bratpfanne im Olivenöl kurz braten.
2
Äpfel vierteln, entkernen, Apfelviertel in feine Scheiben
schneiden. Die Traubenbeeren halbieren.
3
Die Marinade zubereiten. Äpfel und Traubenbeeren mit
der Marinade vermengen. 10 Minuten marinieren.
4
Die Brüsseler Endivien längs halbieren, den harten Teil
keilförmig herausschneiden, halbieren oder dritteln.
5
Sämtliche Zutaten miteinander vermengen.

Provenzalische Kastaniensuppe mit Maiskörnern

2 EL natives Olivenöl extra
1 kleine Zwiebel
2 Knoblauchzehen
300 g geschälte Kastanien,
Seite 30 ff.
1 l Gemüsebrühe
Kräutermeersalz
frisch gemahlener Pfeffer
geriebene Muskatnuss
1 TL getrocknete
Provencekräuter
1 dl/100 g Rahm/süße Sahne
1 Zuckermaiskolben oder
100 g Maiskörner aus dem Glas
oder aus dem Tiefkühler
½ TL fein geriebener
Ingwer

natives Olivenöl extra
zum Beträufeln

1
Zwiebel und Knoblauchzehen schälen und fein hacken. Maiskolben von Hüllblättern und Barthaaren befreien. Den Kolben quer halbieren und mit der Schnittfläche auf die Arbeitsfläche stellen, die Körner mit einem scharfen Messer vom Kolben schneiden. Körner im Dampf einige Minuten garen.

2
Die Zwiebeln und den Knoblauch im Olivenöl andünsten. Kastanien dazugeben, mit der Gemüsebrühe aufgießen, aufkochen. Die Suppe mit Kräutersalz, Pfeffer und Muskatnuss würzen, bei schwacher Hitze köcheln lassen, bis die Kastanien weich sind. Etwa die Hälfte der Kastanien mit einem Schaumlöffel herausnehmen und beiseite legen. Die Suppe pürieren.

3
Die Suppe mit dem Rahm aufkochen. Die Kastanien und die Maiskörner in der Suppe erhitzen. Mit dem Ingwer abschmecken. Eventuell mit Salz und Pfeffer nachwürzen.

4
Suppe in vorgewärmten Tellern anrichten. Einige Tropfen Olivenöl darüber träufeln.

Kastanien-Lauch-Suppe

1 EL natives Olivenöl extra
1 kleine Zwiebel
2 kleine Lauchstangen
40 g Vollkornreismehl
1 TL mittelscharfes
Currypulver
1 Prise Ingwerpulver
1 Prise geriebene
Muskatnuss
200 g geschälte Kastanien,
Seite 30 ff.
1 l Gemüsebrühe
1 dl/100 g Rahm/süße Sahne
Kräutermeersalz
frisch gemahlener Pfeffer

**Blütenblätter von Ringelblumen
nach Belieben**

1

Die Zwiebel schälen und fein hacken. Den Lauch putzen
und in feine Streifen schneiden, etwa ein Drittel für die
Garnitur beiseite legen.

2

Die Zwiebeln und den Lauch im Olivenöl andünsten,
das Reismehl und die Gewürze kurz mitdünsten. Kastanien
zugeben. Die Gemüsebrühe aufgießen, aufkochen,
die Suppe bei schwacher Hitze köcheln lassen, bis die
Kastanien weich sind. Die Suppe pürieren.

3

Die Suppe mit dem Rahm aufkochen, kurz köcheln lassen.
Abschmecken mit Kräutersalz und Pfeffer.

4

Die Suppe in vorgewärmten Tellern anrichten. Den Lauch
darüber streuen. Mit Blütenblättern von Ringelblumen
garnieren.

Kastanien-Kürbis-Suppe

2 EL natives Olivenöl extra
1 kleine Zwiebel
600 g Kürbis
250 g geschälte Kastanien
oder 120 g getrocknete
Kastanien, Seite 30 ff.
6–8 dl/600–800 ml Gemüse-
brühe
Meersalz
frisch gemahlener Pfeffer
frisch geriebene Muskatnuss
1 Becher (1,8 dl/100 g)
Rahm/süße Sahne
1 EL Zitronensaft
½ Bund frischer Majoran,
fein gehackt

1

Die Zwiebel schälen und fein hacken. Den Kürbis schälen,
entkernen und klein würfeln.

2

Die Zwiebeln und den Kürbis im Olivenöl andünsten,
die Kastanien zugeben. Mit der Gemüsebrühe aufgießen,
aufkochen. Die Suppe mit Salz, Pfeffer und Muskatnuss
würzen, bei schwacher Hitze köcheln lassen, bis der Kürbis
und die Kastanien weich sind. Pürieren.

3

Die Hälfte des Rahms für die Garnitur steif schlagen.

4

Die Suppe mit dem Rahm aufkochen, kurz köcheln lassen.
Mit dem Zitronensaft abschmecken. Eventuell mit Salz
und Pfeffer abschmecken.

5

Die Suppe in vorgewärmten Tellern anrichten. Mit dem
Schlagrahm und dem Majoran garnieren.

Kastanien-Zwiebel-Suppe mit Rotwein

2 EL natives Olivenöl extra
1 mittelgroße Zwiebel
reichlich frischer Rosmarin,
Nadeln abgestreift, oder
1 Bund Thymian, Blättchen
abgestreift
400–450 g gekochte Kastanien
aus dem Glas oder
400–450 g tiefgekühlte
Kastanien
1–1,5 dl/100–150 ml kräftiger
Rotwein
1 l Gemüse- oder Hühnerbrühe
frisch gemahlener Pfeffer
1 dl/100 g Schlagrahm/
geschlagene süße Sahne
Madarinenöl zum Beträufeln
Thymianblättchen
zum Bestreuen

1

Die Zwiebel schälen und hacken, im Olivenöl braun und knusprig braten. Rosmarin oder Thymian zufügen und kurz dünsten, die Kastanien und den Rotwein zugeben, kurz köcheln lassen. Mit der Gemüse- oder Hühnerbrühe auffüllen, aufkochen, bei schwacher Hitze kochen, bis die Kastanien weich sind. Die Suppe durch ein Sieb streichen oder pürieren.

2

Kastaniensuppe anrichten, mit dem Schlagrahm garnieren, mit einigen Tropfen Mandarinenöl abrunden. Mit Thymianblättchen bestreuen.

Zum Rezept

Dieses Suppenrezept ist eines meiner Highlights an Kochkursen und Events. Ursprünglich habe ich die Suppe immer mit Rosmarin zubereitet, und als ich eines Tages nur Thymian verwendete, schmeckte die Suppe noch besser als mit Rosmarin. Probieren Sie es am besten selber aus. Das Mandarinenöl mag etwas exotisch sein, aber die Suppe schmeckt prima.

Kastanien-Ziegenfrischkäse-Aufstrich

1 große Baguette

100 g milder Ziegenfrischkäse
oder
100 g Frischkäse nach Belieben,
z. B. Gervais
100 g gekochte Kastanien,
Seite 30 ff.
1 Basilikumzweiglein,
ca. 10 Blätter
½ Bund glattblättrige
Petersilie
einige Tropfen Balsamico-Essig
1 unbehandelte Zitrone,
wenig abgeriebene Schale, oder
Limonenöl
2–3 EL natives Olivenöl extra
Kräutermeersalz
frisch gemahlener Pfeffer

1
Frischkäse, Kastanien, Basilikumblätter und gezupfte
Petersilie (ohne Stiele) in der Moulinette zu einer glatten,
streichfähigen Masse verarbeiten. Balsamico-Essig,
Zitronenschalen und Olivenöl unterrühren, mit Kräutersalz
und Pfeffer abschmecken.

2
Baguette in dünne Scheiben schneiden. Kastanien-Frisch-
käse-Aufstrich darauf ausstreichen.

Varianten
Aus der Paste kleine Kugeln formen und diese in Alfalfa-
sprossen drehen. Oder Kugeln mit Basilikumblättern und
einer Speckscheibe umwickeln und mit einem Zahnstocher
fixieren. Oder Tomaten halbieren und aushöhlen, mit der
Paste füllen. Oder die Paste auf Weinblätter oder große
Basilikumblätter häufen und einwickeln; vor dem Servieren
halbieren und mit Limonenöl beträufeln, mit gehackten
Baum-/Walnüssen oder gerösteten Pinienkernen garnieren.

Omeletts aus Buchweizen mit Kastanien und Gemüse gefüllt

für 4 Omeletts

Teig
3 dl/300 ml Milch
2 Freilandeier
150 g Buchweizenmehl
½ TL Meersalz
Bratbutter/Butterschmalz
zum Backen

Füllung
2 EL Butter
1 Zwiebel
1–2 Zuckermaiskolben oder
200 g Zuckermaiskörner
aus dem Glas oder aus dem
Tiefkühler
200 g frische oder tiefgekühlte
Erbsen
2 TL Gemüsebrühepulver
1 Becher (1,8 dl/180 g)
Rahm/süße Sahne
200 g gekochte Kastanien,
Seite 30 ff.
frischer Estragon
20 g geröstete, geschälte
Buchweizenkörner

1
Für den Teig Milch und Eier verquirlen. Mehl und Salz beifügen, zu einem glatten Teig rühren. 30 Minuten oder länger quellen lassen.

2
Die Zwiebel schälen und fein hacken. Die Zuckermaiskolben von Hüllblättern und Barthaaren befreien. Die Kolben quer halbieren und mit der Schnittfläche auf die Arbeitsfläche stellen, die Körner mit einem scharfen Messer vom Kolben schneiden. Den Estragon grob hacken.

3
Zwiebeln in der Butter kurz dünsten. Erbsen und Maiskörner zugeben und 2 bis 3 Minuten mitdünsten. Gemüsebrühepulver darüber streuen. Rahm angießen und bei schwacher Hitze köcheln lassen, bis die Erbsen und die Maiskörner gar sind. Tiefgekühlte Erbsen und Maiskörner aus dem Glas nicht andünsten, sondern mit dem Rahm zu den Zwiebeln geben. Die Kastanien kurz vor dem Servieren in der Sauce erhitzen. Estragon unterrühren.

4
In einer nicht klebenden Bratpfanne wenig Bratbutter zerlassen. Den Omeletteig aufrühren. Omeletts ausbacken, warm stellen. Immer wieder wenig Bratbutter in die Bratpfanne geben.

5
Die Omeletts auf vorgewärmten Tellern anrichten. Eine Hälfte mit der Kastanien-Gemüse-Füllung belegen, zusammenklappen. Mit dem Buchweizen bestreuen und mit Estragon garnieren.

Kastanien-Hühnerleber-Pâté für Crostini

1 kleine Zwiebel
1 Stück Stangensellerie oder
¼ Knollensellerie
1 kleine Karotte
2 EL natives Olivenöl extra
2 EL Bratbutter/Butterschmalz
oder Butter
1–2 EL Tomatenpüree
200 g Hühner- oder Kaninchen-
leber, in Streifen
1 Lorbeerblatt
10 Rosmarinnadeln oder
1 Sträußchen Thymian,
Blättchen abgezupft
2 Salbeiblätter, in Streifchen
120 g Kastanien aus dem Glas
oder
120 g tiefgekühlte, gekochte
Kastanien
1,5 dl/150 ml Rotwein
1 unbehandelte Zitrone,
abgeriebene Schale
1 Hand voll glattblättrige
Petersilie, Blättchen abgezupft
2 EL Butter oder
2–3 EL natives Olivenöl extra
Kräutermeersalz
frisch gemahlener Pfeffer
Orangenöl zum Beträufeln

Weiß- oder Ruchbrot zum
Rösten

1

Die Zwiebel schälen und zerkleinern, die groben Fasern
beim Stangensellerie abziehen, die Karotte schälen,
alles von Hand oder im Cutter fein hacken. Das Gemüse
in der Butter oder im Olivenöl 5 Minuten unter Rühren
dünsten, das Tomatenpüree und die Leber zufügen, kurz
weiterrühren. Gewürze und Kastanien zufügen, Rotwein
angießen, 12 bis 15 Minuten bei schwacher Hitze köcheln.
Erkalten lassen, Lorbeerblatt entfernen. Pfanneninhalt
mit Zitronenschalen, Petersilie und Butter zu einer feinen
Creme pürieren/mixen. Mit Kräutersalz und Pfeffer
abschmecken.

2

Brot in feine Scheiben schneiden, im vorgeheizten Backofen bei 220 °C Hitze rösten.

3

Pâté auf dem gerösteten Brot ausstreichen. Mit Orangenöl
beträufeln.

Kastanien-Buchweizen-Blinis mit Lauch

Teig
2 dl/200 ml Milch
2–3 Freilandeier
1 EL natives Olivenöl extra
70 g Kastanienmehl (aus
luftgetrockneten Kastanien)
70 g Buchweizen- oder
Dinkelvollkornmehl
1 Msp Meersalz
½ TL phosphatfreies Backpulver
2 EL gehackte Gartenkräuter
natives Olivenöl extra oder
Butter zum Ausbacken

Gemüse
1 EL natives Olivenöl extra
500 g kleine Lauchstangen
1 EL mittelscharfes Currypulver
1 dl/100 ml Weißwein
Gemüsebrühepulver
Meersalz
frisch gemahlener Pfeffer

Buchweizensprossen

1
Für den Teig Milch, Eier und Olivenöl verquirlen. Mehle,
Salz und Backpulver beifügen, zu einem glatten Teig
rühren. 30 Minuten quellen lassen. Die Kräuter unterrühren.
2
Den Lauch putzen und diagonal in etwa 4 cm lange
Stücke schneiden, im Olivenöl andünsten, Curry darüber
streuen, den Weißwein angießen, den Lauch knackig
garen. Mit Gemüsebrühepulver, Salz und Pfeffer würzen.
3
In einer nicht klebenden Bratpfanne wenig Olivenöl erhitzen.
Bliniteig aufrühren. Blinis ausbacken. Warm stellen.
4
Die Blinis zusammen mit dem Lauch auf vorgewärmten
Tellern anrichten. Mit den Sprossen garnieren.
Variante
Den Lauch durch Räucherlachs ersetzen, den man mit
Limonenöl beträufelt. Mit frischem Dill garnieren.
Tipp
Für eine Hauptspeise die Menge verdoppeln.

Castagnaccio – Maronenfladen mit Rosmarin

für ein Wähenblech
von 26 cm Durchmesser

250 g Kastanienmehl
(aus rauchgetrockneten
Kastanien)
½ TL Meersalz
2 EL natives Olivenöl extra
5–7 dl/500–700 ml lauwarmes
Wasser
100 g eingeweichte Rosinen
120 g Pinienkerne
1 EL gehackte Rosmarinnadeln

1

Den Backofen auf 180 °C vorheizen. Das Blech mit Butter
einfetten.

2

Das Kastanienmehl und das Salz mischen. Das Olivenöl
und das Wasser zugeben und glatt rühren (der Teig
ist sehr flüssig). Rosinen, Pinienkerne und Rosmarin unterrühren. Den Teig in die Form füllen.

3

Maronenfladen im Ofen bei 180 °C 30 bis 40 Minuten
backen. Nadelprobe machen.

Castagnaccio
Ein typisches Rezept aus der Toskana, das mit Rotwein
oder Kaffee serviert wird.

Kastanien-Linsen-Pastete

1 l Gemüsebrühe
100 g rote Linsen
200 g geschälte Kastanien,
Seite 30 ff.
2 EL natives Olivenöl extra
350 g Champignons
8 kleine Knoblauchzehen
2 kleine Zwiebeln oder
2 Schalotten
2 Bund Petersilie
1 TL fein gehackte
Rosmarinnadeln
1 TL gehackter Thymian
Kräutermeersalz
frisch gemahlener Pfeffer
evtl. wenig Mehl

1
Die Linsen und die Kastanien in der Gemüsebrühe sehr weich kochen, die Brühe abgießen.

2
Die Knoblauchzehen und die Zwiebeln schälen und grob hacken. Die Champignons putzen, je nach Größe halbieren oder vierteln. Die Petersilie hacken. Knoblauch, Zwiebeln, Champignons und die Kräuter im Olivenöl 3 bis 4 Minuten dünsten.

3
Den Backofen auf 180 °C vorheizen.

4
Linsen, Kastanien und Pilzgemisch im Cutter oder in der Moulinette fein hacken oder durch das Passevite drehen oder den Fleischwolf (feinste Scheibe) drücken. Kastanienmasse mit Salz und Pfeffer würzen. Die Pastetenform mit Olivenöl ausstreichen und mehlen. Kastanienmasse einfüllen und glatt streichen.

5
Die Pastete im Ofen auf mittlerem Einschub bei 180 °C eine Stunde backen. Erkalten lassen.

Tipp
Wie jede andere Pastete garnieren. Als Vorspeise oder mit Salat und Brot als leichtes Abendessen servieren.

Pikante Kastanienrouladen

für 6 Personen

Crêpes
2,5 dl/250 ml Milch
3 Freilandeier
1 EL natives Olivenöl extra
90 g Kastanienmehl
(aus rauchgetrockneten
Kastanien)
½ TL Meersalz
2 EL gehackte Rosmarinnadeln
natives Olivenöl extra
zum Ausbacken

Füllung
250 g Räucherlachs,
fein gehackt

Blattsalat
Limonenöl

1

Für den Teig Milch, Eier und Olivenöl verquirlen. Mehl
und Salz beifügen, zu einem glatten Teig rühren. Zugedeckt
mindestens 30 Minuten quellen lassen. Rosmarin unterrühren.

2

In einer nicht klebenden Bratpfanne wenig Olivenöl erhitzen.
Den Crêpeteig aufrühren. 6 Crêpes ausbacken. Warm
stellen. Für jede Crêpe wenig Olivenöl in die Bratpfanne
geben.

3

Den Räucherlachs auf die noch warmen Crêpes verteilen,
aufrollen und in Stücke schneiden.

4

Den Blattsalat auf Tellern anrichten. Die Rouladen darauf
legen. Mit Limonenöl beträufeln.

Variante

Die Crêpes mit gebratenen Mischpilzen füllen.

August und September

Hauptgerichte

Kastanienragout mit Salbei

4 EL natives Olivenöl extra
2 kleine Zwiebeln
30 Salbeiblätter
800 g geschälte Kastanien,
Seite 30 ff.
½ l Milch
Kräutermeersalz
frisch gemahlener Pfeffer

1
Die Zwiebeln schälen und fein hacken. Die Salbeiblätter in Streifchen schneiden.

2
Die Zwiebeln im Olivenöl andünsten, den Salbei und die Kastanien zugeben und kurz mitdünsten. Mit der Milch aufgießen, bei schwacher Hitze 8 bis 12 Minuten köcheln, bis die Kastanien weich sind. Möglichst nicht rühren, damit die Früchte ganz bleiben. Je nach Flüssigkeit wenig Milch nachgießen. Das Ragout darf nicht trocken sein.

Zum Rezept
Ein traditionelles Gericht aus der Ardèche.

Tipp
Das Kastanienragout mit Gemüse und Salat als ganze Mahlzeit servieren.

BILD

Würziges Kastanienpüree

1 kg geschälte Kastanien,
Seite 30 ff.
ca. 3 dl/300 ml Milch
50 g Butter
1 Prise Vollrohrzucker
Meersalz
frisch gemahlener Pfeffer

1
Die Kastanien in einem Siebeinsatz im Dampf sehr weich garen.

2
Die noch heißen Kastanien durch das Passevite direkt in die Pfanne drehen, Milch und Butter zugeben und unter Rühren mit dem Schneebesen aufkochen, würzen.

Tipp
Ideal zum Füllen von Tomaten und als Ersatz für Kartoffel-stock. Für Garnituren das Püree in einen Spritzbeutel mit großer Sterntülle füllen und direkt auf den Teller spritzen, z. B. zu Rotkohl, Wild, Knöpfli usw.

Kastanienspätzle

200 g Dinkelweißmehl/
Mehltype 405 oder
200 g Dinkelruchmehl/
Mehltype 1050
200 g Kastanienmehl
(nach Möglichkeit aus luftgetrockneten Kastanien)
4 Freilandeier
2 dl/200 ml Milch
1 TL Meersalz

2 Lauchstangen
wenig Gemüsebrühe
300–400 g Pilze
natives Olivenöl extra
frisch gemahlener Pfeffer
Kräutermeersalz
fein gehackte Kräuter,
z. B. Thymian, Majoran,
Rosmarin

geriebener Sbrinz oder
Pecorino oder Parmesan

1

Sämtliche Zutaten für die Spätzle in eine Schüssel geben und zu einem glatten Teig rühren, 30 Minuten ruhen lassen.

2

Beim Lauch Hüllblätter und zähe Blattteile entfernen, die Stangen längs aufschneiden und in mundgerechte Stücke schneiden, in der Gemüsebrühe knackig dünsten.

3

Pilze mit einem trockenen Tuch abreiben, je nach Größe halbieren, vierteln oder in Streifen schneiden, in einer nicht klebenden Bratpfanne in wenig Olivenöl dünsten, würzen.

4

In einem Kochtopf reichlich Salzwasser erhitzen. Den Teig in Portionen durch das Spätzlesieb streichen, die Spätzle an die Oberfläche steigen lassen, mit einem Schaumlöffel herausnehmen und unter kaltem Wasser abschrecken.

5

Spätzle und Lauch zu den Pilzen geben, unter Rühren erhitzen, mit Kräutersalz und Pfeffer abschmecken, würzen, mit den Kräutern abrunden. Anrichten. Mit dem Käse bestreuen.

Tagliatelle mit Kastanien und Curry

250 g grüne Nudeln/Tagliatelle
1 TL natives Olivenöl extra

Sauce
20 g Butter oder
2 EL natives Olivenöl extra
1 mittelgroße Zwiebel
1 TL mittelscharfes
Currypulver
2,5 dl/250 g Rahm/süße Sahne
120 g grob gehackte,
gekochte Kastanien,
Seite 30 ff.
Kräutermeersalz
frisch gemahlener Pfeffer

2 EL Pinienkerne
100 g Champignons
Basilikum oder Petersilie

1
Reichlich Salzwasser mit dem Olivenöl (1 TL) aufkochen, die Nudeln zufügen und al dente kochen. Abgießen, mit kaltem Wasser abschrecken.

2
Pinienkerne in einer Bratpfanne ohne Fett rösten, beiseite stellen. Die Champignons putzen und blättrig schneiden, in der Nusspfanne in wenig Olivenöl Farbe annehmen lassen, beiseite stellen.

3
Für die Sauce die Zwiebel schälen und fein hacken, in der Butter dünsten. Currypulver darüber streuen, mit dem Rahm aufgießen, einige Minuten köcheln lassen. Die Kastanien zugeben, erhitzen. Mit Kräutersalz und Pfeffer abschmecken.

4
Die Nudeln zusammen mit den Pinienkernen und den Champignons zur Sauce geben, gut vermengen, erhitzen. Anrichten. Mit Basilikum oder Petersilie garnieren.

Kastanien-Bulgur-Burger auf Rosmarinsauce

125 g Bulgur
2,5 dl/250 ml Gemüsebrühe
1 EL natives Olivenöl extra
1 Zwiebel
100 g Karotten
100 g frische oder tiefgekühlte
grüne Erbsen
2 EL gehackte Petersilie
1 TL gehacktes Bohnenkraut
wenig Gemüsebrühe
150 g gekochte Kastanien,
Seite 30 ff.
2 Freilandeier
2 EL geriebener Käse
1 gehäufter EL Vollkornmehl
Meersalz
frisch gemahlener Pfeffer
natives Olivenöl extra

Rosmarinsauce
1 EL natives Olivenöl extra
1 kleine Zwiebel
1 Zweig Rosmarin
2–3 EL Sojasauce
1 TL Tomatenmark,
nach Belieben
1,5 dl/150 ml Rotwein
2 dl/200 ml Gemüsebrühe
1 TL Pfeilwurzelmehl

1
Bulgur mit der Gemüsebrühe aufkochen, bei schwacher
Hitze 5 Minuten köcheln, auf der ausgeschalteten Wärme-
quelle zugedeckt 20 Minuten ausquellen lassen.

2
Die Zwiebel schälen und fein hacken. Die Karotten putzen
und klein würfeln. Zwiebeln, Karotten und Erbsen im
Olivenöl andünsten, die Kräuter und die Kastanien beifügen
und mitdünsten, wenig Gemüsebrühe angießen, bei
schwacher Hitze weich garen. Das Ganze mit einer Gabel
fein zerdrücken.

3
Eier, Käse und Mehl mit der Gemüse-Kastanien-Masse
vermengen, mit Salz und Pfeffer abschmecken.

4
Für die Sauce die Zwiebel schälen, fein hacken. Rosmarinnadeln abstreifen und fein hacken. Zwiebeln im Olivenöl
andünsten, Rosmarin zugeben und mitdünsten. Sojasauce,
Tomatenmark und Rotwein beifügen und bei schwacher
Hitze auf die Hälfte einreduzieren. Mit der Gemüsebrühe auf
die gewünschte Saucenmenge ergänzen, mit dem mit
wenig Wasser angerührten Pfeilwurzelmehl binden, 5 Minuten köcheln. Sauce durch ein Sieb passieren.

5
In einer nicht klebenden Bratpfanne ein wenig Olivenöl
erhitzen. Aus der Masse Bratlinge formen, bei mittlerer Hitze
beidseitig braten.

Varianten
Rosmarin durch Thymian oder Majoran ersetzen. Burger-
masse in eine Cakeform füllen und im Backofen bei
200 °C 30 Minuten backen. Heiß stürzen und in Scheiben
schneiden.

Hausgemachte Kastaniennudeln
mit Kräuterrahmsauce

Nudeln

**200 g Dinkel- oder Weizenvoll-
kornmehl**
**200 g Kastanienmehl
(aus luftgetrockneten
Kastanien)**
4–5 Freilandeier, je nach Größe
1 TL Meersalz
1 EL natives Olivenöl extra

Kräuterrahmsauce

1 EL Butter
2 kleine Zwiebeln
1 Zweiglein Rosmarin
4 Salbeiblätter
1 TL fein gehackter Majoran
2 dl/200 ml Gemüsebrühe
1 EL Pfeilwurzelmehl
**1 Becher (1,8 dl/180 g)
Rahm/süße Sahne**
frisch gemahlener Pfeffer
Kräutermeersalz

1

Für den Nudelteig alle Zutaten in eine Schüssel geben,
zu einem geschmeidigen Teig verarbeiten, Teig in Klarsichtfolie einwickeln, bei Zimmertemperatur 1 bis 2 Stunden
ruhen lassen.

2

Den Teig auf bemehlter Arbeitsfläche sehr dünn ausrollen,
30 Minuten trocknen lassen. In die gewünschte Nudelform
schneiden.

3

Für die Kräutersauce Zwiebeln schälen und fein hacken.
Die Rosmarinnadeln vom Zweiglein abstreifen, fein hacken.
Die Salbeiblätter in Streifchen schneiden. Zwiebeln
und Kräuter in der Butter andünsten. Das Pfeilwurzelmehl
mit wenig Gemüsebrühe anrühren, zusammen mit der
Gemüsebrühe und dem Rahm in die Pfanne geben, unter
Rühren aufkochen, bei schwacher Hitze köcheln, bis
die Sauce die gewünschte Konsistenz hat, ab und zu rühren.
Mit Pfeffer und Kräutersalz würzen und nach Belieben
pürieren.

4

Die Nudeln in kochendem Salzwasser al dente kochen,
rund 5 Minuten, abgießen und mit der Kräuterrahmsauce
vermengen.

Nudelmaschine

Mit einer Nudelmaschine ist die Teigverarbeitung einfacher;
es gibt im Handel preiswerte Modelle.

Nudelteig

Dieser Grundteig eignet sich für Lasagne, Ravioli und
auch andere Nudelspezialitäten. Rohe Nudeln können im
Kühlschrank 2 bis 3 Tage aufbewahrt werden.

Kastanienbraten mit Pilzen und Nüssen

für eine Cakeform
von 20 cm Länge

2 EL natives Olivenöl extra
1 kleine Zwiebel
1 Knoblauchzehe
150 g Pilze, z. B. Champignons,
Steinpilze, Eierschwämme
2–3 EL fein gehackte frische
Kräuter, z. B. Rosmarin,
Thymian, Majoran, Salbei,
Petersilie
150 g gekochte Kastanien,
Seite 30 ff.
2 Freilandeier
1 dl/100 g Rahm/süße Sahne
150 g geriebene Baum-/
Walnüsse
75 g Vollkornbrotbrösel
Kräutermeersalz
1 EL Sojasauce
1 TL Gemüsebrühepulver
frisch gemahlener Pfeffer

ca. 12 gekochte Kastanien für
die Garnitur

1

Die Zwiebel und die Knoblauchzehe schälen, fein hacken.
Pilze putzen und von Hand oder in der Moulinette fein
hacken. Die Kastanien in der Moulinette fein pürieren oder
durch ein Passevite drehen.

2

Zwiebeln, Knoblauch sowie Pilze im Olivenöl bei starker
Hitze 2 bis 3 Minuten dünsten. Die Kräuter kurz mitdünsten.
Die Kastanien unterrühren. Abkühlen lassen.

3

Den Backofen auf 200 °C vorheizen.

4

Eier, Rahm, Nüsse und Brotbrösel mit der Kastanienmasse
vermengen, kräftig würzen. Die Masse in die eingefettete
Form füllen, glatt streichen. Die restlichen Kastanien in der
Mitte in die Masse drücken.

5

Den Kastanienbraten im Ofen bei 200 °C rund 30 Minuten
backen. Nadelprobe machen. Vor dem Anschneiden
10 Minuten ruhen lassen.

Fortsetzung von Seite 61

Serviervorschlag

Mit im Dampf gegartem Wirz/Wirsing und einer Safransauce servieren. Für die Sauce 1 TL Butter schmelzen, 1 Messerspitze Safranpulver und 10 Safranfäden zugeben, 2 dl/200 ml Gemüsebrühe und 1 dl/100 g Rahm/süße Sahne zugeben. Die Safransauce bei schwacher Hitze 5 Minuten köcheln. Mit 20 g Mehlbutter (die gleiche Menge Butter und Mehl zusammenfügen) binden, die man mit dem Schneebesen stückchenweise unter die Sauce rührt. Nochmals kurz köcheln.

Variante

Den Kastanienbraten erkalten lassen und als Antipasto mit in Öl eingelegten Oliven auf Salat servieren.

Kastanien-Tofu-Burger mit Kräutern

200 g weicher Bio-Tofu
200 g gekochte Kastanien aus dem Glas
1 Kräutersträußchen, z. B. Thymian, Majoran und Rosmarin
glattblättrige Petersilie
1–2 Freilandeier
Kräutermeersalz
frisch gemahlener Pfeffer
½ unbehandelte Zitrone, abgeriebene Schale
natives Olivenöl extra zum Braten

1

Tofu, Kastanien und Kräuter am besten im Cutter hacken, mit dem Ei/den Eiern vermengen, würzen, die Zitronenschalen unterrühren.

2

Aus der Tofu-Kastanien-Masse kleine Puffer formen, im Olivenöl beidseitig je 3 bis 4 Minuten braten. Mit der Rosmarinsauce, Seite 59, oder einer Zitronen- oder Kürbissauce servieren.

Variante

Einen kleinen Peperoncino entkernen, mit Tofu, Kastanien und Kräutern hacken.

Tipp

Mit gebratenen Pilzen servieren.

BILD

Kastanien-Kürbis-Curry mit Nudeln

250 g breite Bandnudeln
2 EL natives Olivenöl extra
1 Zwiebel
1 Knoblauchzehe
700 g Kürbis, z. B. Muscade de
Provence
300 g geschälte Kastanien,
Seite 30 ff.
4 EL Sultaninen
1 TL mildes Currypulver
½ TL scharfes Currypulver
1 TL getrockneter Thymian
1 Prise Kurkuma/Gelbwurz
1 Prise geriebene Muskatnuss
1 Prise Paprikapulver
½ dl/50 ml Weißwein
2 dl/200 ml Gemüsebrühe
Meersalz

1
Zwiebel schälen und in feine Scheiben schneiden,
Knoblauchzehe schälen und fein hacken. Kürbis schälen,
in kleine Stücke schneiden.

2
Zwiebeln und Knoblauch im Olivenöl andünsten. Kürbis,
Kastanien und Sultaninen kurz mitdünsten, Gewürze
darüber streuen. Weißwein und Gemüsebrühe angießen,
bei schwacher Hitze köcheln lassen, bis der Kürbis
und die Kastanien weich sind.

3
Die Nudeln in reichlich Salzwasser al dente kochen.
Abgießen.

4
Nudeln mit dem Kastanien-Kürbis-Gemüse vermengen.

Kastanien mit Gemüse und Dinkel

100 g Dinkelkörner
2 EL natives Olivenöl extra
100 g Zwiebeln
100 g Karotten
100 g Knollensellerie
100 g Lauch
250 g gekochte Kastanien,
Seite 30 ff.
1 gehäufter TL scharfes
Currypulver
1 EL Sojasauce

1

Die Dinkelkörner mit einem halben Liter kaltem Wasser aufkochen und 5 Minuten sprudelnd kochen, auf der ausgeschalteten Wärmequelle zugedeckt mindestens 1 Stunde ausquellen lassen. In einem Sieb abtropfen lassen.

2

Die Zwiebel schälen und in feine Scheiben schneiden. Die Karotten und den Sellerie schälen und in feine Streifen (Julienne) schneiden, den Lauch putzen und ebenfalls in Streifchen schneiden.

3

Das Gemüse im Wok oder in einer geeigneten Pfanne im Olivenöl 5 Minuten rührbraten. Die Dinkelkörner mit den Kastanien zufügen, 1 Minute rührbraten, Curry darüber streuen, die Sojasauce unterrühren, sofort servieren.

Tipp

Mit kurz gebratenem Fleisch servieren.

Kastanien-Fenchel-Eintopf mit Vanillearoma

500 g ungeschälte
Kastanien
2 Stängel Fenchelkraut
1 Vanilleschote
1 l Milch
Vollrohrzucker

1

Die Kastanien kreuzweise einschneiden (einritzen). Zusammen mit dem Fenchelkraut in einem großen Kochtopf in reichlich Wasser 5 Minuten sprudelnd kochen. Das Wasser abgießen, die Früchte sehr heiß schälen.

2

Die Vanilleschote aufschneiden, das Mark auskratzen, beides mit der Milch und den Kastanien in den Kochtopf geben, aufkochen und bei schwacher Hitze 10 Minuten köcheln lassen. Schoten entfernen. Nach Belieben süßen.

3

Kastanien samt Milch in großen Suppentassen anrichten. Mit dem Fenchelgrün garnieren.

Zum Rezept

In Südfrankreich werden Kastanien seit Generationen nach diesem Rezept zubereitet.

Kastanienravioli mit Salbeibutter

für 35 bis 45 Ravioli

Ravioliteig
150 g Dinkelruchmehl/Type 1050
oder Dinkelweißmehl/Type 405
100 g Kastanienmehl
(aus luftgetrockneten
Kastanien)
2 Freilandeier
1 TL Meersalz
1 EL natives Olivenöl extra
evtl. wenig Wasser (2–3 EL)

1 Bund Salbei
50 g Butter

Füllung
30 g Speckwürfelchen oder
1 EL natives Olivenöl extra
100 g gekochte Kastanien,
Seite 30 ff.
1 unbehandelte Zitrone,
wenig abgeriebene Schale
reichlich fein gehackte
Kräuter, z. B. Salbei, Rosmarin-
nadeln, Thymian, Basilikum
2 Knoblauchzehen
100 g Ricotta
40 g Ziegenfrischkäse
3 EL natives Olivenöl extra
Meersalz
frisch gemahlener Pfeffer

1
Mehle, Eier, Salz und Olivenöl in einer Schüssel glatt rühren. So viel Wasser zugeben, dass ein glatter Teig entsteht. Den Teig in Klarsichtfolie einwickeln, bei Zimmertemperatur mindestens 30 Minuten ruhen lassen.

2
Den Ravioliteig auf bemehlter Arbeitsfläche dünn ausrollen. Rondellen von 5,5 bis 8 cm Durchmesser ausstechen. 30 Minuten trocknen lassen.

3
Die Kastanien und die Kräuter fein hacken, die Knoblauchzehen schälen. Speckwürfelchen in einer Bratpfanne auslassen oder das Olivenöl erhitzen, Kastanien, Kräuter und durchgepresste Knoblauchzehen zugeben, kurz dünsten. Abkühlen lassen. Ricotta, Ziegenfrischkäse und Olivenöl mit den Kastanien vermengen. Würzen.

4
Die Masse auf die Hälfte der Teigrondellen verteilen, eine zweite Rondelle darauf legen, Rand mit einer Gabel gut andrücken.

5
Ravioli in reichlich Salzwasser al dente kochen, 4 bis 5 Minuten.

6
Die Salbeiblätter abzupfen, in der Butter kurz braten. Die Ravioli mit einem Schaumlöffel aus dem Kochwasser nehmen, in der Salbeibutter schwenken.

Tipps
Die Ravioli können roh wie gekocht 2 bis 3 Tage im Kühlschrank aufbewahrt werden. Restliche Füllung als Brotaufstrich verwenden.

Caillettes traditionnelles ardèchoises
Adrio mit Kastanien

2 EL natives Olivenöl extra
1 große Zwiebel
250 g Schweinefleisch
250 g Schweineleber
500 g gekochte Kastanien,
Seite 30 ff.
1 TL fein gehackter Thymian
oder
2 Msp getrockneter Thymian
Meersalz
frisch gemahlener Pfeffer

10 Stück Schweinenetz,
20 x 20 cm
Salbeiblätter

1

Die Zwiebel schälen und fein hacken. Das Fleisch und die Leber durch den Fleischwolf drehen (5-mm-Lochscheibe) oder beim Metzger hacken lassen. Die Kastanien grob hacken.

2

Die Zwiebeln im Olivenöl andünsten, das Fleisch und die Leber zugeben, bei starker Hitze unter Rühren kräftig anbraten. Die Kastanien und die Kräuter unterrühren, mit Salz und Pfeffer würzen.

3

Den Backofen auf 220 °C vorheizen.

4

Auf jedes Schweinenetz ein Salbeiblatt legen. Aus der Fleisch-Kastanien-Masse Kugeln in der Größe eines kleinen Apfels formen und darauf legen, mit dem Netz einpacken. Mit dem Salbeiblatt oben in eine eingefettete Gratinform stellen. Wenig Gemüsebrühe angießen.

5

Die Adrio im Ofen bei 220 °C etwa 40 Minuten braten.

Caillette traditionnelle ardèchoise

In der Ardèche werden die Kugeln mit einer Tomatensauce als Vorspeise oder mit gedämpften Tomaten und Bratkartoffeln als Hauptspeise serviert.

Zucchini mit Kastanien-Pilz-Füllung

4 mittelgroße Zucchini
2 EL natives Olivenöl extra
1 kleine Zwiebel
1 Knoblauchzehe
200 g Champignons
300 g gekochte Kastanien,
Seite 30 ff.
fein gehackte Petersilie
1 TL getrocknete
Provencekräuter
Kräutermeersalz
frisch gemahlener Pfeffer
Paprikapulver
geriebene Muskatnuss

1
Die Zucchini mit Schale der Länge nach halbieren und mit einem Löffel aushöhlen. Zucchinifleisch fein hacken.

2
Die Zwiebel und die Knoblauchzehe schälen und fein hacken. Die Pilze putzen und fein hacken. Die Kastanien klein hacken.

3
Den Backofen auf 200 °C vorheizen.

4
Zwiebeln, Knoblauch, Zucchinifleisch und Pilze im Olivenöl andünsten, Petersilie, Provencekräuter sowie Kastanien zufügen und kurz mitdünsten. Würzen. Die Zucchinihälften damit füllen.

5
Zucchini im Ofen bei 200 °C 10 bis 15 Minuten backen.

Kastanien-Mais-Medaillons

100 g geschälte Kastanien,
Seite 30 ff.
4 dl/400 ml Gemüsebrühe
100 g feiner Maisgrieß
1 EL fein gehackte Petersilie
Kräutermeersalz
frisch gemahlener Pfeffer
Bratbutter/Butterschmalz
zum Braten

1
Kastanien im Dampf etwa 12 Minuten garen, noch heiß hacken.

2
Die Gemüsebrühe aufkochen, den Maisgrieß einrieseln lassen, bei schwacher Hitze unter häufigem Rühren köcheln lassen, bis die Masse eindickt, Kastanien und Petersilie unterrühren, fest werden lassen. Mit Kräutersalz und Pfeffer abschmecken.

3
Den Maisbrei auf einem eingefetteten rechteckigen Blechrücken etwa 1 cm dick ausstreichen, erkalten lassen. Mit gezacktem, rundem Ausstecher Rondellen oder beliebige Formen ausstechen.

4
Die Medaillons in einer nicht klebenden Bratpfanne in der Bratbutter beidseitig langsam braten.

Kastanien-Risotto mit Kräutern und Pilzen

2 EL natives Olivenöl extra
1 Zwiebel
200 g Tessiner Risottoreis
1 dl/100 ml Weißwein,
z. B. weißer Tessiner Merlot
1 Kräutersträußchen,
z. B. Salbei, Rosmarin, Thymian,
gehackt
200 g gekochte Kastanien
aus dem Glas oder
200 g tiefgekühlte Kastanien
8 dl–1 l/800 ml–1 l heiße
Gemüse- oder Hühnerbrühe
1 dl/100 g Rahm/süße Sahne
fein gehackte glattblättrige
Petersilie
geriebener Sbrinz oder
Pecorino nach Belieben
frisch gemahlener Pfeffer
natives Olivenöl extra
zum Beträufeln

2 EL natives Olivenöl extra
300 g Pilze, je nach Saison
Meersalz
frisch gemahlener Pfeffer

1

Die Zwiebel schälen und fein hacken, im mäßig warmen
Olivenöl dünsten, den Reis zufügen und glasig werden
lassen, den Weißwein und die Kräuter zugeben, nach und
nach die heiße Gemüsebrühe zugeben, immer wieder
einkochen lassen. Die Garzeit beträgt etwa 20 Minuten;
der Reis soll noch Biss haben. Gekochte Kastanien
die letzten 5 Minuten mitkochen. Tiefgekühlte Kastanien
10 bis 12 Minuten vor Ende der Garzeit unter den
Reis rühren. Die Kastanien dürfen ohne weiteres zerfallen.
Den Risotto mit Rahm verfeinern und diesen wenig
einkochen lassen. Kurz vor dem Servieren mit Petersilie
und Pecorino bestreuen. Mit frisch gemahlenem Pfeffer
bestreuen und nach Belieben mit einigen Tropfen Olivenöl
abrunden.

2

Die Pilze mit einem trockenen Tuch abreiben, je nach Größe
halbieren, vierteln oder in Streifen schneiden, im Olivenöl
braten, mit Salz und Pfeffer abschmecken, über den Risotto
streuen und nach Belieben mit wenig Käse bestreut
servieren.

Kastanien-Bohnen-Eintopf mit Lamm

2 EL natives Olivenöl extra
400 g Ragout von Lamm
oder Rind
1–2 mittelgroße Zwiebeln
120 g getrocknete weiße
Bohnen
120 g getrocknete Kastanien
1 Lorbeerblatt
2–3 EL Tomatenpüree
1,5–2 dl/150–200 ml Rotwein
ca. ½ l Gemüsebrühe
200 g Stangenbohnen
400 g eher mehliges Kürbis-
fleisch, z. B. Potimarron/
Oranger Knirps
Kräutermeersalz
frisch gemahlener Pfeffer
gehackte Petersilie

1

Die weißen Bohnen und die getrockneten Kastanien über Nacht getrennt in Wasser einweichen. Das Bohnenwasser weggießen, die Bohnen mit frischem Wasser aufsetzen, bei mittlerer Hitze rund 10 Minuten kochen, in ein Sieb abgießen. Das Einweichwasser der Kastanien weggießen, die braunen Häutchen und die braunen Stellen mit einem spitzen Messer entfernen.

2

Die Zwiebeln schälen und achteln. Den Stielansatz der Bohnen wegschneiden, je nach Größe halbieren. Kürbisfleisch in Würfel schneiden.

3

Fleisch im Olivenöl anbraten, Zwiebeln, weiße Bohnen, Kastanien, Lorbeerblatt sowie Tomatenpüree zugeben, den Rotwein angießen, einkochen lassen, Gemüsebrühe zufügen, bei schwacher Hitze kochen, bis die Bohnen und die Kastanien weich sind. Die grünen Bohnen etwa 25 Minuten, die Kürbiswürfel 10 Minuten mitkochen. Mit Kräutersalz und Pfeffer abschmecken. Die Petersilie unterrühren. Anrichten. Mit einigen Tropfen Olivenöl beträufeln.

Kastanien-Gemüse-Terrine

für eine kleine Terrineform

**200 g geschälte Kastanien,
Seite 30 ff.**
50 g Brokkoliröschen
50 g Karottenwürfelchen
**50 g rote Peperoni-/Paprika-
schotenwürfelchen**
2 Freilandeier
125 g Vollmilchquark
**50 g altbackenes Ruch- oder
Vollkornbrot, fein gerieben**
1 Bund Petersilie
etwas frischer Thymian
Kräutermeersalz
frisch gemahlener Pfeffer
Paprikapulver
Reibkäse nach Belieben

1

Die Kastanien im Dampf weich garen, mit einer Gabel fein
zerdrücken.

2

Den Backofen auf 180 °C vorheizen.

3

Brokkoli, Karotten und Peperoni im Dampf knackig garen.

4

Kastanien, gegartes Gemüse, Eier, Quark und Brot gut
vermengen. Die Kräuter fein hacken und unterrühren.
Würzen. In eine eingefettete Terrineform füllen und glatt
streichen.

5

Die Terrineform in einen Bräter oder in ein anderes ofen-
festes Geschirr stellen. Bis auf drei Viertel Höhe mit
Wasser füllen. Im Ofen bei 180 °C 60 Minuten pochieren.
Nadelprobe machen. Nach Belieben mit Reibkäse
bestreuen, bei 220 °C schmelzen lassen. Warm oder
kalt servieren.

Tipp

Wer keine Terrineform hat, kann die Kastanienmasse
auch in eingefettete Portionenförmchen füllen und im Wasserbad bei 180 °C rund 30 Minuten pochieren. Mit Salat,
Gemüse und einer pikanten Sauce servieren.

Kastanienpuffer mit Linsen und Steinpilzen

für 3–4 Personen (12 Puffer)

1 EL natives Olivenöl extra
1 kleine Zwiebel
5 Salbeiblätter
1 Bund Petersilie
einige Rosmarinnadeln
100 g Steinpilze oder
Champignons
30 g feine Speckstreifen,
nach Belieben
150 g gekochte Kastanien,
Seite 30 ff.
80 g gekochte Linsen
2 Freilandeier
Kräutermeersalz
frisch gemahlener Pfeffer
natives Olivenöl extra
zum Braten

1
Die Kastanien mit einer Gabel fein zerdrücken. Die Zwiebel schälen und fein hacken. Die Kräuter und die geputzten Pilze ebenfalls hacken.

2
Zwiebeln, Kräuter, Pilze und Speck im Olivenöl andünsten. Abkühlen lassen. Kastanien, Linsen und Eier zugeben, vermengen. Würzen.

3
In einer Bratpfanne wenig Olivenöl erhitzen. Kastanienmasse mit einem Esslöffel portionieren, die Klöße direkt in die Pfanne geben, von beiden Seiten kurz braten, insgesamt 5 Minuten.

Nonnas Kastanien-Grießschnitten

50 g geschälte Kastaninen,
Seite 30 ff.
2,5 dl/250 ml Milch
100 g Dinkelgrieß
1 Msp Vanillepulver
1 Prise Kardamompulver
unbehandelte Zitrone, wenig
abgeriebene Schale
1 Prise Meersalz
1 Eigelb von einem Freilandei
50 g Dinkelgrieß
Butterschmalz/Bratbutter

1
Die Kastanien im Dampf 12 Minuten garen. Pürieren.

2
Milch aufkochen, den Grieß (100 g) einrieseln, köcheln lassen, bis die Masse bindet. Die pürierten Kastanien und die Gewürze dazugeben.

3
Den Grießbrei in einer leicht eingebutterten rechteckigen Form ausstreichen, über Nacht kühl stellen.

4
Die Grießmasse in Stücke schneiden, zuerst im Eigelb, dann im Grieß wenden. In der Bratbutter bei mäßiger Hitze beidseitig braten.

Tipp
Mit einer Vanille- oder Fruchtsauce servieren.

Kastanien-Lamm-Burger

**400 g gehacktes Lamm- oder
Wildfleisch**
1 kleine Zwiebel
1 Knoblauchzehe
**Majoran, Thymian und einige
Rosmarinnadeln, fein gehackt**
2 verquirlte Freilandeier
**½ unbehandelte Zitrone,
abgeriebene Schale**
**200 g gekochte Kastanien aus
dem Glas oder**
200 g tiefgekühlte Kastanien
Paprikapulver
Kräutermeersalz
frisch gemahlener Pfeffer

natives Olivenöl extra

1
Gefrorene Kastanien in wenig Gemüsebrühe 10 Minuten
garen, Kochflüssigkeit abgießen, die Früchte grob
hacken. Kastanien aus dem Glas ebenfalls grob hacken.
Die Zwiebel und die Knoblauchzehe schälen und fein
hacken.
2
Sämtliche Zutaten gut vermengen, mit Paprika, Kräutersalz
und Pfeffer würzen.
3
Aus der Masse Burger formen, im Olivenöl beidseitig je
5 Minuten braten.

BILD

Knödel mit Kastanienfüllung

für 10 bis 12 Knödel

**1 kg mehlig kochende
Kartoffeln**
2 Eigelbe von Freilandeiern
2 EL Vollkornmehl
Meersalz
geriebene Muskatnuss
**10–12 gekochte Kastanien,
Seite 30 ff.**

1
Die Kartoffeln schälen und würfeln, im Dampf weich garen.
Noch heiß durch das Passevite drehen. Das Eigelb und
das Mehl unterrühren. Es soll eine weiche, formbare Masse
entstehen. Mit Salz und Muskatnuss würzen.
2
Aus der noch warmen Kartoffelmasse von Hand 4 bis
5 cm große Kugeln formen, eine Vertiefung drücken und
diese mit einer Kastanie füllen, wieder rund formen.
3
In großem Kochtopf reichlich Salzwasser aufkochen.
Die Knödel hineingeben, bei schwacher Hitze 10 Minuten
ziehen lassen. Mit einem Schaumlöffel herausnehmen.
Tipp
Als Beilage servieren.

Kastaniensoufflé mit Zwiebeln und Rosmarin

für 4–6 Souffléförmchen

1 EL natives Olivenöl extra
1 mittelgroße Zwiebel
1 Zweiglein Rosmarin
250 g gekochte Kastanien,
Seite 30 ff.
100 g Butter
3 Freilandeier
2 EL geriebener Greyerzer Käse
Meersalz
frisch gemahlener Pfeffer
1 unbehandelte Zitrone,
abgeriebene Schale
Butter für die Förmchen

1
Die Zwiebel schälen und fein hacken. Rosmarinnadeln abstreifen und fein hacken. Die Kastanien in der Moulinette fein pürieren oder durch eine Passevite drehen.

2
Die Zwiebeln mit dem Rosmarin im Olivenöl kurz dünsten, das Kastanienpüree zugeben, gut vermengen.

3
Den Backofen auf 180 °C vorheizen. Die Souffléförmchen gut einfetten.

4
Die Eier trennen. Die Eigelbe mit der Butter luftig aufschlagen. Die Kastanienmasse und den Käse unterrühren, mit Salz, Pfeffer und Zitronenschale würzen.

5
Eiweiß zu steifem Schnee schlagen, unter die Kastanienmasse heben. In die eingebutterten Förmchen füllen.

6
Die Förmchen in einen Bräter oder in eine große Gratinform stellen. Bis auf zwei Drittel Förmchenhöhe mit Wasser füllen. Soufflés im Backofen bei 180 °C auf mittlerem Einschub rund 45 Minuten pochieren. Nadelprobe machen.

September und Oktober

Desserts

Marroni-Shake

für 1 Person

1 Kugel Vanilleeis
4 gekochte Kastanien aus dem
Glas oder
1 EL Kastanienkonfitüre oder
1 EL gesüßtes Bio-Kastanien-
püree
2 dl/200 ml Kuh- oder Reismilch

1
Vanilleeis, Kastanien und Milch kräftig mixen.

2
Marroni-Shake in ein hohes Glas füllen. Mit einem Trink-
halm genießen.

BILD

Kastanieneis Alfredo

350 g Kastanienkonfitüre
oder 350 g gesüßtes
Bio-Kastanienpüree
250 g Vollmilchjogurt
2,5 dl/250 ml Milch
70 g Vollrohrzucker

1
250 g Kastanienkonfitüre oder Kastanienpüree, Jogurt, Milch
und Zucker mit dem Schneebesen gut verrühren. Die
Masse in eine Eismaschine (Sorbetière) füllen und gefrieren
lassen. Je nach Gerät dauert das 20 bis 30 Minuten.

2
Restliche Konfitüre/restliches Püree von Hand sorgfältig
unterziehen; nicht ganz verrühren, das Marmormuster
soll erhalten bleiben. Mit einem Esslöffel portionieren.

Variante
Das Kastanieneis in eine Tiefkühldose füllen und im Tiefkühler gefrieren lassen.

Marroni-Schoko-Traum mit Orangenfilets

**100 g Crémant-Schokolade
(dunkle Schokolade)
1–2 EL Wasser
300 g Vollmilchquark
200 g gesüßtes Bio-
Kastanienpüree
1 unbehandelte Orange,
abgeriebene Schale**

**unbehandelte
Blondorangen**

1
Die Schokolade zerbröckeln, zusammen mit dem Wasser in ein kleines Gefäß geben, in einer Pfanne über dem kochenden Wasser unter ständigem Rühren schmelzen.

2
Flüssige Schokolade, Quark und Kastanienpüree glatt rühren, Orangenschalen unterrühren.

3
Marroni-Schoko-Creme in Dessertschalen oder -gläser füllen. Mindestens 30 Minuten kühl stellen.

4
Die Orangen samt Schale in dünne Fruchtfilets schneiden, entkernen. Die Creme mit den Fruchtfilets garnieren.

Tipp
Bei Verwendung von ungesüßtem Püree die Creme mit Kastanienhonig süßen (etwa 2 Esslöffel). Ergibt eine sehr aromatische Creme.

Kastanienblinis mit Beeren

für ca. 12 Blinis

**100 g Kastanienmehl
(aus luftgetrockneten
Kastanien)
2 Freilandeier
1 EL Vollrohrzucker
1 Prise Meersalz
1,25 dl/125 ml Milch
2 EL flüssige Butter
1 TL phosphatfreies
Backpulver
Bratbutter/Butterschmalz**

**1 Becher (1,8 dl/180 g)
Rahm/süße Sahne
300–400 g Beeren
Vollrohrzucker oder
Ahornsirup**

1
Sämtliche Zutaten für die Blinis in eine Schüssel geben
und glatt rühren. 30 Minuten quellen lassen.
2
In einer nicht klebenden Bratpfanne wenig Bratbutter zerlassen und für jedes Blini einen Schöpflöffel Teig in die
Pfanne geben, beidseitig backen, je 2 bis 3 Minuten. Warm
stellen. Immer wieder Bratbutter in die Pfanne geben.
3
Den Rahm steif schlagen.
4
Blinis auf Teller legen. Den Rahm und die Beeren darauf
verteilen. Mit wenig Vollrohrzucker bestreuen oder wenig
Ahornsirup darüber träufeln. Mit Zitronenmelisse garnieren.

Ananassalat mit Kastanienkrokant

1 reife Ananas
3–4 EL Kastanienlikör oder
Amaretto
1 TL Vanillepulver

Krokant
120 g geschälte Kastanien,
Seite 30 ff.
1 EL Kokosnussflocken
2 EL Vollrohrzucker
2 EL flüssige Butter
1 Prise Ingwerpulver

1 Becher (1,8 dl/180 g)
Rahm/süße Sahne
1 Prise Vanillepulver
Pfefferminz- oder Melisse-
blättchen für die Garnitur

1

Der Ananas oben und unten einen Deckel abschneiden. Die Frucht schälen, indem man am Fruchtfleisch entlang schneidet. Die braunen Noppen mit einem spitzen Messer ausstechen. Die Ananas in Scheiben schneiden, den harten Mittelteil entfernen. Die Fruchtscheiben würfeln. Mit dem Kastanienlikör und dem Vanillepulver marinieren.

2

Den Backofen auf 220 °C vorheizen.

3

Die Kastanien im Dampf etwa 10 Minuten garen. Auskühlen lassen und grob hacken.

4

Zerkleinerte Kastanien, Kokosnussflocken, Zucker, Butter und Ingwer mischen. Die Masse in einer Gratinform ausstreichen, im Ofen während 10 Minuten bei 220 °C zu knusprigem Krokant backen. Erkalten lassen, dann zerstoßen.

5

Den Rahm zusammen mit dem Vanillepulver steif schlagen.

6

Ananassalat in Dessertgläser oder Dessertschalen füllen. Krokant darüber streuen. Mit dem Rahm und den Pfefferminzblättchen garnieren.

Kastanien-Bananen-Creme

200 g ungesüßtes Bio-
Kastanienpüree
1–2 kleine Bio-Bananen
2–4 EL Vollmilchquark
1 Msp Vanillepulver
½ Orange, Saft
1 Becher (1,8 dl/180 g)
Rahm/süße Sahne

Heidelbeeren oder Himbeeren
für die Garnitur
Kastanienlikör nach Belieben

1
Kastanienpüree, zerkleinerte Bananen, Quark, Vanillepulver
und Orangensaft fein pürieren. Den Rahm steif schlagen
und unterziehen.

2
Kastanien-Bananen-Creme in Dessertschalen füllen, mit
Früchten garnieren. Nach Belieben mit Kastanienlikör
beträufeln. Mit frischen Früchten bestreuen, nach Belieben
mit Kastanienlikör beträufeln.

BILD

Kastanienpüree (Vermicelles) – Grundrezept

geschälte Kastanien,
Seite 30 ff.
Milch
feiner Vollrohrzucker
(Syramena)
Vanillepulver

1
Die Kastanien im Dampf oder in wenig Wasser sehr weich
garen, das Wasser abgießen.

2
Vorgekochte Kastanien mit der Milch (die Früchte sollen
bedeckt sein) bei schwacher Hitze unter häufigem Rühren
so lange kochen, bis die Früchte zerfallen. Vorsicht:
die Kastanien brennen rasch an! Restliche Milch abgießen.
Den Zucker und das Vanillepulver zugeben, pürieren.
Das Püree erkalten lassen.

Zum Rezept
Dieses Püree ist im Gegensatz zu gekauftem Püree
nur kurz haltbar, weil Milch verwendet wird. Weil die Herstellung der Vermicellemasse zudem ziemlich arbeits-
intensiv ist, empfehle ich Ihnen, ein gutes Fertigprodukt
zu verwenden (Bezugsquellen Seite 122 f.).

Birne mit Kastanienmousse

für 6 bis 8 Personen

3–4 große, reife Williams-Birnen

150 g Mascarpone
200 g gesüßtes Bio-
Kastanienpüree
100 g Crémant-Schokolade
(dunkle Schokolade)
1 EL Kastanienlikör
nach Belieben
1 Prise Vanillepulver
2,5 dl/250 g Rahm/süße Sahne

Schokoladespäne

1

Die Schokolade zerbröckeln, in der Moulinette oder im Mixerglas fein hacken. Den Rahm steif schlagen.

2

Mascarpone, Kastanienpüree, Likör und Vanillepulver miteinander verrühren. Die zerbröckelte Schokolade und den Rahm unterrühren. Die Mousse mindestens 2 Stunden kühl stellen.

3

Birnen schälen, halbieren, das Kerngehäuse entfernen, im Dampf nicht zu weich garen. Abkühlen lassen.

4

Die Birnenhälften auf Tellern anrichten. Von der Mousse mit einem Eisportionierer (immer wieder in heißes Wasser tauchen) Kugeln abstechen, auf die Birnen setzen. Mit den Schokospänen garnieren.

Tipp

Das Mousse kann auch tiefgekühlt werden.

BILD

Schnelle Kastanien-Quark-Creme

100 g gesüßtes
Bio-Kastanienpüree
1 Eigelb von einem Freilandei
150 g Vollmilchquark
½ TL Zimt- oder Vanillepulver
1 dl/100 g Rahm/süße Sahne

Früchte nach Belieben

1

Kastanienpüree, Eigelb und Quark glatt rühren. Mit dem Zimt- oder Vanillepulver aromatisieren. Den Rahm steif schlagen und unterziehen. In Gläser füllen, kühl stellen.

2

Die Kastaniencreme mit Früchten garnieren.

Variante

Wenn ungesüßtes Kastanienpüree verwendet wird, die Creme mit geschmacksneutralem Honig, z. B. 1 bis 2 Esslöffeln Akazienhonig, süßen.

Kastanienpancakes mit Erdbeer-Kumquat-Salat

für 8 bis 10 Pancakes

**100 g Kastanienmehl (aus
luftgetrockneten Kastanien)**
**1 TL phosphatfreies
Backpulver**
1 Freilandei
**1 EL Vollrohrzucker oder
flüssiger Honig**
¾ dl/75 ml Milch
1 Prise Meersalz
1 EL flüssige Butter
natives Olivenöl extra
zum Backen

Erdbeer-Kumquat-Salat
1 EL Ahornsirup
**je 1 unbehandelte Zitrone und
Orange, wenig abgeriebene
Schale**
300 g Erdbeeren
100 g Kumquats
einige Blätter Zitronenverveine

1
Für den Teig sämtliche Zutaten in eine Schüssel geben und
glatt rühren. 30 Minuten quellen lassen.

2
Ahornsirup und Zitrusfruchtschalen verrühren. Erdbeeren
je nach Größe halbieren oder vierteln. Kumquats beidseitig kappen, samt Schale in feine Scheiben schneiden.
Die Früchte mit der Marinade vermengen, rund 30 Minuten
marinieren. Kurz vor dem Servieren die in Streifen
geschnittenen Zitronenverveineblättchen untermischen.

3
In einer nicht klebenden Bratpfanne wenig Olivenöl erhitzen.
Teig esslöffelweise in die Bratpfanne geben, Pancakes
beidseitig rund 2 Minuten backen.

4
Die Pancakes zusammen mit dem Fruchtsalat auf Tellern
anrichten.

Bratapfel mit Kastanien-Nuss-Füllung

4–5 Äpfel, Boskoop oder Maigold

Füllung
200 g gesüßtes Bio-Kastanienpüree
50 g geriebene Baum-/Walnüsse
2 EL grob gehackte Baum-/Walnüsse
3 EL Crème fraîche
1 Eigelb von einem Freilandei
Zimtpulver
1 unbehandelte Orange, abgeriebene Schale

Butter
Vollrohrzucker
gehackte Baumnüsse

1
Den Backofen auf 200 °C vorheizen.
2
Die Zutaten für die Füllung vermengen, mit Zimtpulver und Orangenschalen abschmecken.
3
Die Äpfel quer halbieren und das Kerngehäuse mit dem Kugelausstecher entfernen.
4
Das Kastanienpüree in die Apfelhälften füllen und diese in eine eingebutterte Gratinform stellen. Mit Butterflocken, Zucker und gehackten Baumnüssen bestreuen.
5
Äpfel im Backofen bei 200 °C 20 bis 25 Minuten backen.

Tessiner Kastanien-Schoko-Mousse

**100 g Crémant-Schokolade
(dunkle Schokolade)
1–2 EL Wasser
400 g gesüßtes
Bio-Kastanienpüree
200 g Mascarpone
6 EL Kastanienlikör oder
Amaretto
½ TL Vanillepulver**

**4 Orangen
Kastanienlikör**

1

Die Schokolade zerbröckeln, mit dem Wasser in ein kleines Gefäß geben, in einer Pfanne über dem kochenden Wasser unter ständigem Rühren schmelzen.

2

Schokolade, Kastanienpüree und Mascarpone glatt rühren, mit Kastanienlikör und Vanillepulver aromatisieren.

3

Die Kastanienmasse in eine Tiefkühldose füllen, im Tiefkühler fest werden lassen.

4

Für die Garnitur zwei Orangen dünnschalig abschälen (ohne weiße Häutchen), Schalen in Streifchen schneiden. Die Orangen großzügig schälen und die Fruchtfilets vorsichtig aus den Trennhäutchen lösen und entkernen.

5

Von der Mousse mit einem Eisportionierer (immer wieder in heißes Wasser tauchen) Kugeln abstechen, mit den Orangenfilets auf Tellern anrichten, mit Kastanienlikör beträufeln und den Orangenschalenstreifchen garnieren.

Variante

Bei Verwendung von ungesüßtem Kastanienpüree etwa 80 g feinen Vollrohrzucker unter die Masse rühren.

Zum Rezept

Die Mousse wurde von einem Tessiner Restaurateur kreiert. Sie muss nicht unbedingt gefroren werden. Man kann wenig Schlagrahm unterziehen und die Creme mit einem Esslöffel portionieren.

Zweifarbiges Kastanienmousse

für 6 bis 8 Personen

**100 g Crémant-Schokolade
(dunkle Schokolade)**
1–2 EL Wasser
**400 g ungesüßtes Bio-
Kastanienpüree**
**200 g Puderzucker aus
Vollrohrzucker (Reformhaus)**
100 g weiche Butter
100 g Crème fraîche
100 g geriebene Mandeln
1 EL Kirsch

1
Schokolade zerbröckeln, mit dem Wasser in ein kleines Gefäß geben, in einer Pfanne über dem kochenden Wasser schmelzen.

2
Schokolade, Kastanienpüree sowie 100 g Puderzucker und weiche Butter in einer nicht zu kleinen Schüssel glatt rühren. 15 Minuten kühl stellen.

3
Crème fraîche, Mandeln und restlichen Puderzucker glatt rühren. Den Kirsch unter ständigem Rühren langsam zufügen. Die Masse darf nicht dünnflüssig werden!

4
Die Mandelmasse zur Kastanienmasse geben, mit einem Spatel einige Male kreuzweise durchziehen, ohne die beiden Massen ganz zu vermischen (Marmormuster). Die Creme etwas zusammendrücken und glatt streichen. 12 Stunden kühl stellen.

5
Aus der Mousse mit einem Esslöffel Klößchen abstechen, auf Tellern anrichten. Den Löffel immer wieder in kaltes Wasser tauchen. Mit Früchten garnieren.

Aperitif à l'ardèchoise

1 Teil Kastanienlikör
**9 Teile gut gekühlter
trockener Weißwein**

1
Kastanienlikör und Weißwein gut miteinander verquirlen.

2
Den Aperitif in Champagnerschalen oder Weißweingläsern servieren.

Kastanienparfait mit Erdbeeren

2–3 Eigelbe von Freilandeiern
2 EL Akazienhonig
200 g ungesüßtes
Bio-Kastanienpüree
3 dl/300 g Rahm/süße Sahne
1 Msp Vanillepulver

1 EL Kastanienlikör oder
Amaretto
Früchte für die Garnitur
Zitronenmelisse
nach Belieben
Schlagrahm/Schlagsahne nach
Belieben

1

Eigelbe und Honig in der Küchenmaschine mindestens
10 Minuten cremig aufschlagen. Oder von Hand mit dem
Schneebesen 15 Minuten aufschlagen. Das Kastanienpüree unterrühren.

2

Den Rahm mit dem Vanillepulver steif schlagen, unter die
Kastanienmasse ziehen.

3

Die Parfaitmasse in Portionenförmchen füllen, im Tiefkühler
fest werden lassen.

4

Das Parfait 10 Minuten vor dem Servieren in den Kühlschrank stellen. Die Förmchen in heißes Wasser tauchen,
den Rand mit einem Messer lösen, Köpfchen stürzen.
Mit Kastanienlikör beträufeln. Mit Beeren umgeben und
nach Belieben mit Schlagrahm und Zitronenmelisse
garnieren.

Variante

Das Kastanienpüree durch Kastanien aus dem Glas
ersetzen, pürieren. Oder tiefgekühlte Kastanien im Dampf
weich garen, pürieren.

Tessiner Kastanienpralinen

für ca. 25 Pralinen

30 g Rosinen
2–3 EL Kastanienlikör oder
Amaretto
100 g gekochte Kastanien
aus dem Glas, Seite 30 ff.
50 g Pinienkerne
50 g Mandeln oder
Baumnüsse/Walnüsse
30 g Kokosnussflocken
30 g Crémant-Schokolade
(dunkle Schokolade)
¼ TL Vanillepulver
ca. 1 EL Kastanien- oder
Akazienhonig
Kakaopulver oder geriebene
Schokolade zum Wenden

Pralinenförmchen

1

Die Rosinen im Likör einige Stunden marinieren.

2

Rosinen, Kastanien, Pinienkerne, Mandeln, Kokosnussflocken und Schokolade in der Moulinette oder im Mixerglas zu einer feinen Masse verarbeiten. Vanillepulver
und Honig unterrühren.

3

Aus der Pralinenmasse von Hand kleine Kugeln formen,
im Kakaopulver oder in den Schokospänen wenden,
in die Pralinenförmchen setzen.

Kastanientrüffel mit Amaretti

für 24 Trüffel

200 g gesüßtes
Bio-Kastanienpüree
50 g Crémant-Schokolade
(dunkle Schokolade),
fein gehackt
2 EL Kakaopulver, evtl. gemischt
mit geriebener Crémant-
Schokolade
ca. 60 g zerdrückte Amaretti
2 EL Kastanien- oder
Orangenlikör (Grand Marnier)
1 unbehandelte Orange,
wenig abgeriebene Schale

geriebene Schokolade zum
Wenden oder Kakaopulver

Pralinenförmchen

Sämtliche Zutaten für die Trüffel gut mischen, kleine Kugeln formen. In der geriebenen Schokolade oder im Kakaopulver wenden. Nach Belieben in Pralinenförmchen setzen.

BILD

Kastanienflocken mit Beeren

für 1 Person

2–3 EL Kastanienflocken
150 g Beeren, z. B. Erdbeeren,
Himbeeren, Brombeeren,
Heidelbeeren, je nach Saison
1 Prise Vanillepulver
3 EL Rahm/süße Sahne
1 TL Ahornsirup

1
Die Kastanienflocken in eine Portionenschale füllen. Die Beeren darauf verteilen. Vanillepulver, Rahm und Ahornsirup verrühren, über die Beeren träufeln. Sofort servieren.
Tipp
Wenn man Kastanienflocken und grobe Kokosnussraspeln im Verhältnis 1 : 1 mischt, erhält man eine knusprige, leicht süße Zwischenverpflegung für Kinder.

November und Dezember

Gebäck

Kastaniengugelhupf

für eine mittelgroße
Gugelhupfform

4 Eigelbe von Freilandeiern
150 g Vollrohrzucker oder
Kastanienhonig
100 g weiche Butter oder
80 g natives Olivenöl extra
200 g ungesüßtes
Bio-Kastanienpüree
50 g geriebene Mandeln oder
Haselnüsse

1 EL Kastanienlikör
4 Eiweiß
Puderzucker zum Bestäuben

1
Den Backofen auf 200 °C vorheizen. Die Gugelhupfform
mit weicher Butter einfetten, mit Mehl ausstäuben.
2
Die Eigelbe mit dem Zucker mit dem Schneebesen luftig
aufschlagen. Butter, Kastanienpüree, Mandeln und
Kastanienlikör unterrühren. Das Eiweiß steif schlagen, in
Portionen unter den Teig ziehen. In die vorbereitete
Form füllen.
3
Gugelhupf in der Mitte in den Ofen schieben, bei 200 °C
45 Minuten backen. Aus der Form stürzen, mit feinem
Puderzucker bestäuben.

Kastanienpie

für eine runde Form
von 28 cm Durchmessser
oder 8 Förmchen

**1–2 ausgerollte Mürbeteige
oder Bio-Mürbeteig**

Füllung
**3 Freilandeier
300 g gesüßtes
Bio-Kastanienpüree
2 EL Kastanienlikör
1 unbehandelte Orange,
abgeriebene Schale
1 Becher (1,8 dl/180 g)
Rahm/süße Sahne
1 Prise Zimtpulver**

Puderzucker zum Bestäuben

1
Den Backofen auf 180 °C vorheizen.
2
Für die Füllung alle Zutaten gut verrühren.
3
Den Mürbeteig in die eingefettete Form legen oder 8 kleine
Rondellen ausstechen und in die eingefetteten Förmchen
legen, die Füllung darauf verteilen.
4
Form/Förmchen in der Mitte in den Ofen schieben, bei
180 °C 15 bis 20 Minuten backen. Nadelprobe machen.
5
Pie/Pies mit Puderzucker bestäuben.
Mürbeteig
Wenn man kleine Formen verwendet, braucht man zwei
Teigrollen, bei einer großen Pie von 28 cm Durchmesser
reicht eine Rolle.
Variante
Den Teigboden zuerst mit grob gehackten Baumnüssen/
Walnüssen bestreuen und die Füllung darauf verteilen.

Feine Kastanientorte mit Schokospänen

für eine Springform
von 26 cm Durchmesser

300 g geschälte Kastanien,
Seite 30 ff.
200 g weiche Butter
4 EL Akazienhonig
5 Eigelbe von Freilandeiern
½ TL Vanillepulver
1 unbehandelte Orange,
abgeriebene Schale
1 Prise Zimtpulver
5 Eiweiß
1 EL Dinkelvollkornmehl

Schokospäne oder geriebene
Schokolade

1
Die Kastanien im Dampf weich garen, durch das Passevite drehen und abkühlen lassen.

2
Den Backofen auf 190 °C vorheizen. Boden der Springform mit Backpapier belegen, den Rand gut einfetten.

3
Die Butter mit dem Honig luftig aufschlagen, Eigelbe nach und nach beifügen, Gewürze und Kastanienpüree unterrühren.

4
Das Eiweiß zu Schnee schlagen, mit dem Mehl unter die Kastanienmasse heben. Biskuitmasse in die Springform füllen und glatt streichen.

5
Kastanientorte im Ofen bei 190 °C auf mittlerem Einschub rund 50 Minuten backen. Nadelprobe machen. Etwas auskühlen lassen. Den Rand sorgfältig lösen und die Torte stürzen, Backpapier entfernen. Mit den Schokospänen bestreuen.

Kastanienroulade

Biskuitmasse
100 g Dinkelvollkornmehl
75 g Kastanienmehl
(aus luftgetrockneten
Kastanien)
1 TL phosphatfreies
Backpulver
1 Prise Vanillepulver
1 Prise Meersalz
4 Eigelbe von Freilandeiern
½ dl/50 ml lauwarmes Wasser
100 g Akazienhonig
4 Eiweiß

Füllung
1 Becher (1,8 dl/180 g)
Rahm/süße Sahne
3–4 EL gesüßtes
Bio-Kastanienpüree
1–2 EL Kastanienlikör oder
Amaretto
1 Hand voll Saisonbeeren

1
Den Backofen auf 220 °C vorheizen. Den Rücken eines rechteckigen Backbleches mit Backpapier belegen.

2
Dinkel- und Kastanienmehl, Backpulver, Vanillepulver und Salz mischen.

3
Eigelbe, Wasser sowie Honig mit Handrührgerät oder Schneebesen mindestens 10 Minuten luftig aufschlagen. Die Masse muss weiß sein.

4
Das Eiweiß zu Schnee schlagen.

5
Das Mehl und den Eischnee abwechslungsweise unter die Eigelbcreme heben.

6
Teig auf dem Blechrücken rechteckig ausstreichen. Biskuit im Ofen bei 220 °C auf mittlerem Einschub 13 Minuten backen. Das Biskuit auf ein mit Vollrohrzucker bestreutes Geschirrtuch stürzen und mit dem warmen Blech zudecken. 5 Minuten auskühlen lassen, dann das Biskuit mit Hilfe des Tuches aufrollen und vor dem Füllen ganz auskühlen lassen.

7
Den Kastanienlikör unter das Kastanienpüree rühren. Den Rahm steif schlagen und unterziehen. Die Masse auf die Roulade streichen, mit Beeren belegen. Vorsichtig aufrollen. 1 bis 2 Stunden ruhen lassen. Mit einem scharfen Messer in Scheiben schneiden.

Kastaniensavarin au rhum

für 4 kleine Savarinförmchen

300 g ungesüßtes
Bio-Kastanienpüree
100 g feiner Vollrohrzucker
2 kleine Freilandeier
60 g weiche Butter
1 dl/100 ml weißer Rum
30 g Rosinen
ca. 1 dl/100 ml Milch
1 Prise Meersalz

1
Kastanienpüree, Zucker, Eigelbe, Butter und 2 Kaffee-
löffel Rum glatt rühren. Die Rosinen unterrühren. Nur so viel
Milch beigeben, dass die Masse dickflüssig bleibt!

2
Den Backofen auf 200 °C vorheizen. Die Förmchen gut
einbuttern.

3
Das Eiweiß mit der Prise Salz sehr steif schlagen und
sorgfältig unter die Kastanienmasse ziehen, in die Förmchen
füllen.

4
Das Kastaniengebäck im Ofen bei 200 °C auf unterstem
Einschub 20 Minuten backen.

5
Die Kastanienköpfchen noch warm auf Teller stürzen. Restlichen Rum erwärmen, darüber gießen, sofort anzünden
(flambieren).

Wichtig
Die Masse muss unbedingt in einer Form mit einem Loch
in der Mitte gebacken werden. Nicht zu hoch einfüllen, damit
das Ganze durchgebacken wird.

Kastanien-Tiramisu

für 8 bis 12 Personen
für eine rechteckige Form

Biskuitteig
4 Freilandeier
3 EL Kastanienlikör oder
Amaretto
3 EL Akazienhonig
150 g Kastanienmehl
(aus luftgetrockneten
Kastanien)
50 g Dinkelvollkornmehl
1 Prise Meersalz
1 unbehandelte Orange,
abgeriebene Schale

Füllung
500 g Mascarpone
200 g gesüßtes
Bio-Kastanienpüree
3 EL Kastanienlikör oder
Amaretto
1 unbehandelten Orange,
abgeriebene Schale oder
1 Msp Vanillepulver
1 EL Akazien- oder
Kastanienhonig
2,5 dl/250 g Rahm/süße Sahne
3,5 dl/350 ml starker Kaffee
(Espresso)

1
Für das Biskuit die Eier mit dem Likör und dem Honig in
der Küchenmaschine während mindestens 10 Minuten
luftig aufschlagen. Bei Verwendung eines Handmixers oder
eines Schneebesens die Eier trennen und das Eiweiß
getrennt steif schlagen und später mit dem Mehl unter die
Eimasse heben.

2
Den Backofen auf 220 °C vorheizen.

3
Mehle, Salz, Backpulver und Orangenschale mischen, in
Portionen unter die Eimasse ziehen. Oder Mehl und
Eischnee abwechslungsweise unter die Eigelbmasse
heben. Teig auf dem mit Backpapier belegten Blechrücken
(rechteckiges Blech) 1 cm dick ausstreichen (doppelt
so groß wie die Form).

4
Das Biskuit im Ofen bei 220 °C auf mittlerem Einschub
13 Minuten backen, es darf etwas knusprig sein.

5
Sämtliche Zutaten für die Füllung gut verrühren.

6
Das Biskuit halbieren, eine Hälfte in die Form legen,
mit der Hälfte des Kaffees beträufeln. Mit der Hälfte der
Mascarponecreme bedecken, zweites Biskuit darauf
legen, mit dem restlichen Kaffee beträufeln und der restlichen Creme bedecken. Einige Stunden kühl stellen.

Tipp
Vor dem Servieren mit Kakaopulver bestäuben.

Zum Rezept
Wer einen weniger intensiven Kastaniengeschmack
bevorzugt, verwendet für das Biskuit anstelle des Kasta-
nienmehls die gleiche Menge Dinkelmehl.

Kastanien-Bananen-Muffins

für 10 bis 12 Muffins

150 g weiche Butter
150 g Vollrohrzucker
2 Freilandeier
200 g Kastanienmehl (aus
luftgetrockneten Kastanien)
100 g Dinkelvollkornmehl
2 TL phosphatfreies
Backpulver
1 TL Zimtpulver
1 TL Vanillepulver
1 Prise Meersalz
300 g geschälte Bananen

1

Butter und Zucker mit Handrührgerät oder Schneebesen während mindestens 10 Minuten luftig aufschlagen.
Die Eier nach und nach zugeben. Mehle, Backpulver und Gewürze mischen und unterrühren. Die Bananen mit einer Gabel fein zerdrücken oder mixen, ebenfalls unterrühren.

2

Den Backofen auf 190 °C vorheizen.

3

Den Teig in eingefettete Portionenförmchen oder Papierförmchen (eine schöne Form bekommen die Muffins, wenn man 3 Papierförmchen ineinander legt) füllen.

4

Die Muffins im Ofen bei 190 °C auf mittlerem Einschub rund 25 Minuten backen. Nadelprobe machen.

Kastanienwaffeln

150 g Kastanienmehl
(aus luftgetrockneten
Kastanien)
150 g Dinkelvollkornmehl
100 g geschälte Mandeln
1 Msp Meersalz
unbehandelte Orange,
abgeriebene Schale
4 Freilandeier
2 dl/200 ml Milch
2 EL Akazienhonig
1 EL Kastanienlikör oder
Amaretto
½ TL Vanillepulver

1

Die Mandeln auf ein Backblech verteilen und im Backofen bei 200 °C rösten. Abkühlen lassen und fein reiben.

2

Mehle, geriebene Mandeln und Salz mischen, die restlichen Zutaten dazugeben und zu einem glatten Teig rühren. Mindestens 15 Minuten quellen lassen.

3

Den Teig portionieren, im Waffeleisen Waffeln ausbacken.

Tipp

Mit Beeren und Schlagrahm servieren.

Marronicake

für eine Cakeform
von 26 cm Länge

150 g weiche Butter
150 g Vollrohrzucker
3 Freilandeier
150 g Dinkelvollkornmehl
50 g Pfeilwurzelmehl
1 TL phosphatfreies
Backpulver
½ TL Lebkuchengewürz
½ TL Zimtpulver
½ unbehandelte Orange,
abgeriebene Schale
150 g gekochte Kastanien,
Seite 30 ff.
4 EL Kastanienlikör
10 geschälte und gekochte
Kastanien

3 EL Mandelstifte
für die Form

1
Den Backofen auf 200 °C vorheizen. Die Cakeform gut einbuttern. Die Mandelstifte auf den Boden verteilen.

2
Die Butter und den Zucker mit dem Handrührgerät oder
mit dem Schneebesen mindestens 10 Minuten luftig aufschlagen. Die Eier nach und nach dazugeben.

3
Mehle, Backpulver und Gewürze mischen, zur Buttermasse
geben und glatt rühren. Die Kastanien (150 g) mit einer
Gabel zerdrücken, zusammen mit dem Kastanienlikör unter
den Teig rühren.

4
Den Teig in die vorbereitete Cakeform füllen, glatt streichen.
Die restlichen Kastanien in den Teig drücken.

5
Marronicake im Ofen bei 200 °C auf mittlerem Einschub
50 bis 60 Minuten backen. Nadelprobe machen.

Kastanienfoccacia mit Oliven, Sardellen und Peperoncini

für 4 runde Foccace oder
1 viereckiges Backblech

300 g Kastanienmehl
(aus luftgetrockneten
Kastanien)
300 g Dinkel- oder Weizen-
ruchmehl/Mehltype 1050
1 TL Meersalz
1 Hefewürfel (42 g)
ca. 4 dl/400 ml lauwarmes
Wasser
1 EL natives Olivenöl extra

Belag
120 g Sardellenfilets
1 roter Peperoncino/
Pfefferschote
einige Pinienkerne
30 schwarze Oliven
reichlich frische Rosmarinnadeln
Meersalz
2–3 EL natives Olivenöl extra

1
Das Kastanien- und das Dinkelmehl auf die Arbeitsfläche häufen und eine Vertiefung drücken. Das Salz auf den Rand streuen. Die Hefe zerbröckeln und in die Vertiefung geben. Das lauwarme Wasser nach und nach zur Hefe geben, immer wieder mit etwas Mehl vermengen. Das Ganze zusammenfügen und das Olivenöl einkneten, den Teig etwa 10 Minuten von Hand oder in der Küchenmaschine kneten, in eine Schüssel legen. Diese mit einem feuchten Tuch bedecken. Den Teig auf das doppelte Volumen aufgehen lassen.

2
Den Backofen auf 220 °C vorheizen.

3
Die Rosmarinnadeln grob hacken. Die Sardellenfilets ebenfalls hacken. Den Peperoncino in feine Ringe schneiden.

4
Den Teig nochmals durchkneten, je nach Blechgröße portionieren. Von Hand etwa 5 mm dicke Fladen ausziehen/formen, in das eingefettete Blech legen. Sardellen, Peperoncini, Pinienkerne und Oliven darauf verteilen. Die Rosmarinnadeln darüber streuen. Mit Salz abschmecken.

5
Die Foccace im Ofen bei 220 °C auf mittlerem Einschub 12 bis 15 Minuten backen. Das Olivenöl darüber träufeln.

Tipp
An heißen Sommertagen mit einem bunten Salat als Hauptspeise servieren. Gut dazu passen ein Glas Weißwein oder Roséwein.

Variante
Foccace nur mit Rosmarin, Salz und Olivenöl würzen. Der Teig eignet sich auch für Pizzas.

Tourte aux truites et aux marrons
Pikanter Fisch-Kastanien-Kuchen

für ein hohes Blech
von 24 cm Durchmesser

300 g Blätterteig

40 g Butter
2 kleine Zwiebeln
100 g Champignons
4 Forellenfilets, ca. 300 g
150 g grob gehackte,
gekochte Kastanien,
Seite 30 ff.

Guss
2 große Freilandeier
100 g Crème fraîche
Meersalz
frisch gemahlener Pfeffer
1 Bund Schnittlauch

1
Den Backofen auf 210 °C vorheizen.

2
Blätterteig 2 bis 3 mm dick ausrollen, in das eingefettete Blech legen. Den Teig mit einer Gabel einige Male einstechen. Blätterteigboden im Ofen bei 210 °C auf mittlerem Einschub 10 Minuten vorbacken.

3
Die Zwiebeln schälen, fein hacken. Die Pilze putzen und blättrig schneiden. Zwiebeln und Pilze in der Butter kräftig dünsten, bis fast alle Flüssigkeit verdampft ist. Abkühlen lassen.

4
Den Guss zubereiten. Den Schnittlauch fein schneiden und unterrühren.

5
Die Haut der Forellenfilets abziehen, mit Salz und Pfeffer würzen, auf den Teigboden verteilen. Die Pilze und die Kastanien darauf verteilen. Den Guss darüber gießen.

6
Den Blätterteigkuchen im Ofen bei 210 °C auf mittlerem Einschub 30 Minuten backen.

Kastanienbrot mit Pinienkernen

für 2 bis 3 Brote

300 g Kastanienmehl
1 kg Dinkelvollkornmehl oder
Dinkelruchmehl/Mehltype 1050
30 g Meersalz
60 g Hefe
ca. 6 dl/600 ml lauwarmes
Wasser
2 EL Pinienkerne

1

Kastanien- und Dinkelmehl sowie Salz in einer Schüssel mischen, eine Vertiefung formen. Die in wenig lauwarmem Wasser aufgelöste Hefe zusammen mit dem restlichen Wasser in die Vertiefung geben. Zu einem Teig zusammenfügen und 10 Minuten kräftig kneten. Der Teig hat die richtige Beschaffenheit, wenn er an den Händen nicht mehr klebt. Den Teig in eine Schüssel legen und mit einem feuchten Tuch bedecken. Teig 1½ Stunden gehen lassen.

2

Den Backofen auf 170 °C vorheizen.

3

Den Teig nochmals kräftig durchkneten, die Pinienkerne gut einkneten.

4

Aus dem Teig 2 bis 3 Brotlaibe formen und diese auf ein mit Backpapier belegtes Blech legen. Die Oberfläche einige Male nicht zu tief einschneiden. Die Kastanienbrote auf mittlerem Einschub bei 170 °C 35 Minuten backen.

Wichtig

Der Teig läuft etwas in die Breite. Wer ein hohes Brot wünscht, füllt den Teig in 2 eingebutterte Cake-/Kastenformen von 28 cm Länge. Die Backzeit bleibt sich gleich.

Tipp

Bei kleinem Brotbedarf kann die Menge halbiert werden. Kastanienbrot, frische Butter und Kastanienhonig machen das Frühstück zum kulinarischen Erlebnis.

Stichwortverzeichnis

Veranstaltungen

«Chestene-Chilbi» in Greppen am Vierwaldstättersee

Jeweils am 4. Sonntag im Oktober von 10 bis 17 Uhr dreht sich an der «Chestene-Chilbi» in Greppen LU alles um die Edelkastanie. Thematisch wechselnde Ausstellungen, Fach-referate, Demonstrationen, Degustationen von Kastanien-Spezialitäten, grösster Markt mit Kastanien-Produkten und Erscheinung der «Chestene-Zytig». Organisation: IG Pro Kastanie Zentralschweiz, Reussstrasse 4, 6038 Gisikon, Tel. 041 450 21 38, Fax 041 450 21 37, www.kastanien.net, rigi-rondell@dplanet.ch

Vom Kastanienwald zum Arvenwald in Murg am Walensee

Ein wunderschöner Kastanienweg führt vom Kastanienwald zum Arvenwald (Ausgangs-punkt Bahnhof Murg). Klimatische Bedingungen und die Weitsicht der Vorfahren ermöglichen den Naturfreunden innerhalb kurzer Zeit Wanderungen von einem der grös-seren Edelkastanienwälder nördlich der Alpen zum Arvenwald. Edelkastanien sind auch ein fester Bestandteil der Murger Chilbi, jeweils am Wochenende nach dem 16. Oktober. Informationen: Verein Pro Kastanie Murg, 8877 Murg, Tel. 081 738 23 48 joskuehne@bluewin.ch, www.kastanien.net/wersindwir/murg-portrait-01.htm

Kulinarischer Kastanienausflug Weggis

Dampfschifffahrt, köstliche Kastanien-Kulinarik und Wanderung unter fachkundiger Führung. Täglich von Juni bis September oder auf Anfrage. Infos und Buchung beim SGV Reise-zentrum Weggis, Tel. 041 390 11 33, Fax 041 390 14 09.

Torkelschiff auf dem Walensee

Schifffahrt mit Kastanienspezialitäten. Daten und Reservationen unter Tel. 081 720 35 35 oder www.walensee-event.ch

Kastanien-Wanderungen im Bergell

In manchen Alpensüdtälern sind Kastanienwälder teilweise erhalten geblieben. Einer der schönsten befindet sich im bündnerischen Bergell (Val Bregaglia) in idyllischer Lage mit vielen Wandermöglichkeiten. Ein Lehrpfad informiert umfassend über den Kastanienanbau, im Spätherbst kann in einer Dörrhütte die Trocknung und Verarbeitung miterlebt werden. Infor-mationen durch den Verkehrsverein Pro Bregaglia, 7605 Stampa (GR), www.bregaglia.ch

Kastanien-Wanderweg im Malcantone

Start der im Oktober 1996 neu eröffneten Wanderroute durch die Kastanienselven ist in Arosio. Informationen sind erhältlich beim Verkehrsverein des Malcantone, Piazza Lago, 6987 Caslano, Tel. 091 606 29 86, Fax 091 606 52 00.

Wandern auf einem alten Römerweg

Die Reise durch Kastanienwälder beginnt in Calonico, auf dem Weg der Strada Alta della Leventina, der in Airolo beginnt. Auskünfte bei der SBB-Information.

Kastanienfeste im Tessin

Im Spätherbst finden in der Südschweiz jeweils fröhliche Feste rund um die Kastanie statt, so jeweils am ersten Samstag sowie am zweiten Sonntag im Oktober in Ascona. Auskünfte erteilt der Verkehrsverein Lago Maggiore, Tel. 091 606 29 86.

Lehrpfad und Kastanienfest in Fully, VS

Jeweils Mitte Oktober findet ein grosser Kastanienmarkt statt. Informativer Rundgang durch den grossen Kastanienwald. Es dürfen Kastanien gesammelt werden. Auskunft: Fully Tourisme Tel/Fax 027 746 20 80, www.fully.ch

Ausstellung zur Kastanienkultur in der Schweiz auf dem Ballenberg, Brienz;

Auf Initiative der IG Pro Kastanie Vierwaldstättersee wird im Dorfteil Cugnasco in drei Häusern Kastanienkultur über die verschiedenen Sinne erlebbar. Die Information über Produkte, Verarbeitung und Bedeutung der Selven für die Landschaft wird ergänzt durch Kastanienmenüs und verschiedene Angebote in den Restaurationsbetrieben. Infos unter www.kastanien.net und www.ballenberg.ch, Tel. 033 952 10 30

Kastanienfeste und Kastanienmärkte in Deutschland

Edenkobener Kastanienmeile und Kastanienmarkt

Jeweils im Oktober mit geführten Kastanienwanderungen und Aktionswochen in der Gastronomie. Ab Juni: Pfälzer Keschdeweg, 42 km langer Wanderweg unter Kastanienbäumen. Büro für Tourismus Edenkoben, Poststr. 23, 67480 Edenkobenm Tel. +49 (0) 63 23 – 95 92 22, Fax +49 (0) 63 23 – 95 92 88 www.edenkoben.de, www.garten-eden-pfalz.de

Keschdefeschd im Trifelsland

Jährlich am ersten Wochenende im Oktober; Kastanientage in der Gastronomie von Anfang Oktober bis Mitte November. Büro für Tourismus, Messplatz 1, 76855 Annweiler am Trifels, Tel. +49 (0) 63 46 – 22 00, Fax +49 (0) 63 46 – 79 17, info@trifelsland.de

Häschdner Keschdemarkt

Jährlich am dritten Sonntag im Oktober (2006 ausnahmsweise am 4. Sonntag), davor findet eine «Keschdewoche» statt mit Wanderungen und Aktionswochen in der Gastronomie. Fremdenverkehrsbüro Hauenstein, Schulstr. 4, 76846 Hauenstein Tel. +49 (0) 63 92 – 91 51 10, Fax +49 (0) 63 92 – 91 51 60, www.hauenstein.rlp.de, fremdenverkehrsbuero@hauenstein.rlp.de

Keschtefeste in Oberweier

Jedes Jahr im Oktober veranstalten die örtlichen Vereine vier Wochen lang ihre Kastanienfeste. Auskünfte: Rathaus, Gemeinde Oberweier, Ortsstraße 54, 76571 Gaggenau-Oberweier Fax +49 (0) 72 22 – 470 34, www.oberweier.de

Bezugsquellen

Hochwertige Produkte der Edelkastanie sind sowohl in Deutschland als auch in der Schweiz im Naturkosthandel oder im Reformhaus erhältlich.

Tessin

Kastanienprodukte aus Tessiner Kastanienkulturen erhalten Sie bei der Erboristi SA in Curio: Kastaniennudeln; Tessiner Kastanienmehl, luftgetrocknet (geschmacksneutral); italienisches Mehl, mit kräftigem, intensivem Geschmack; Kastanienhonig; Kastanienmarmelade; Tessiner Dörrkastanien, luftgetrocknet (ohne Rauchgeschmack); Kastanienflocken aus luftgetrockneten Kastanien.
6986 Curio, Tel. 091 606 71 70, Fax 091 606 71 74, www.erboristi.ch

Übrige Schweiz

Kastaniencreme, leicht gesüsst; Kastanien-Nutella; Kastanien gekocht, nature, im Glas; Kastaniennudeln; Dörrkastanien, luftgetrocknet; Kastanienflocken und -schrot; Kastanienmehl, luftgetrocknet (geschmacksneutral) oder rauchgetrocknet; Kastanien-Biskuits; Kastanienhonig; Kastanienbier; französischer Kastanienlikör; Acqua Castanea (Rasierwasser)
La Pinca, Tessiner Kastanienspezialitäten, Sagenstrasse 3, 6264 Pfaffnau
Tel. 062 754 02 82, Fax 062 754 02 83, g.mazzi@bluewin.ch

Frische und getrocknete Marroni und Edelkastanien; diverse Kastanienprodukte wie Mehl, Nudeln, Marroni-Taler und Berner Lebkuchen mit Marronifüllung, Organisation und Durchführung von «Marroniplauschs» an privaten oder geschäftlichen Anlässen.
Marronissimo Valente, Küfergasse 26, 5742 Kölliken
Tel. 062 737 20 00, Fax 062 737 20 09, info@marroni.ch; www.marroni.ch

Bergell und Italien

Verschiedene Kastanienprodukte aus dem Bergell (GR) und aus Italien, wie Mehl, getrocknete Kastanien oder Kastanienkonfitüre verkauft:
Vecchia Latteria, Rosmarie Gwerder, 7610 Soglio, Tel. 081 822 17 17, Fax 081 822 17 64

Sizilien

Biologisch produziertes und mit Rohrohrzucker gesüsstes Kastanienpüree aus Sizilien/ Spanien (Einheiten von 300 g und 800 g) für Vermicelles, Glace und andere Süssspeisen. Das Püree ist in Bioläden, Reformhäusern und teilweise in Drogerien erhältlich. (Postversand wegen Verderblichkeit nicht möglich).
Produktion: Bio Steinmann AG, Staufferstrasse 2, 5703 Seon
Tel. 062 769 00 69, Fax 062 769 00 66

Kastanienbier

Brauerei Locher AG, 9050 Appenzell (Vertrieb über verschiedene Getränkehändler)
Im Tessin: Felice Zabarella SA, 6929 Gravesano, Tel. 091 605 40 42, Fax 091 604 59 01

Kastanienlikör

Brennerei zum Schloss, F. und R. Käser, 5077 Elfingen

Tel. 062 876 17 83, Fax 062 876 30 75

Kastanienprodukte und -heilprodukte

Mehl, Flocken, Schrot, Nudeln und Konfitüre sowie Urtinktur und Badezusatz:
Hildegard-Drogerie, AG für Naturheilkunde, Aeschenvorstadt 25, 4010 Basel
Tel. 061 279 91 51, Fax 061 279 91 59

Kastanienbäume für den eigenen Garten

Die vier von der Eidgenössischen Forschungsanstalt für Obst-, Wein- und Gartenbau
(FAW) in Wädenswil (ZH) geprüften Kastaniensorten sind bei den Baumschulen
Hauenstein AG, 8197 Rafz, erhältlich. Veredelte Kastanienbäumchen verkauft ebenfalls
die Baumschule Dové, 6030 Ebikon.

Kastanienholz

Gesamtschweizerisch Lieferung von Stangenhölzern und anwendungsfertiger Hobel-
ware. Kastanienholz als ökologisch sinnvolle, ökonomisch attraktive Alternative zu Tropen-
hölzern: Dauerhaft, geringes Schwindverhalten und regelmässige Dichte. Auch ohne
chemischen Holzschutz bestens geeignet für Gartenmöbel, Spielplatzgeräte, Wasser- und
Rebbau, Lawinenverbauungen, Schallschutzwände sowie für den gesamten Hausbau,
Fassaden, Aussenböden, Möbel sowie Parkettböden.
Segheria alla Coletta, Ueli Pfenninger, 6662 Russo, Tel. 091 797 16 13, www.ticinoro.ch

Produkte aus Kastanienholz

Gartenmöbel, Bänke und Spielplatzgeräte, Pfähle, Palisaden, Rund- und Kanthölzer
(ökologische Alternative zu Eisenbahnschwellen), Pergolas, Fassaden und Böden – alles
aus einheimischem, wetterfestem und unbehandeltem Kastanienholz.
Bezugsquelle: Firma KASTANIEN.bank, Holzprodukte für Garten und Landschaft,
Burgstrasse 45, 6331 Hünenberg, Tel. 041 781 34 09, Fax 041 781 34 13,
www.kastanienbank.ch, info@kastanienbank.ch

Aromatisiertes Olivenöl und neutrales Olivenöl

Mandarinen-, Orangen-, Grapefruit- und Zitronenöl sowie natives Olivenöl extra in Bio-
Qualität sind in der Schweiz im Postversand erhältlich bei Le delizie di Capua, Bonefro, Nicola
di Capua, 8424 Embrach, Tel. 044 865 29 29, Fax 044 865 70 80. Für die exklusiven
aromatisierten Öle werden biologische Zitrusfrüchte und Nostrano-Olivenfrüchte aus den
Abruzzen in traditionellen Steinmühlen zusammen gepresst und unfiltriert abgefüllt.

Wichtige Adressen und Literatur

Eidg. Forschungsanstalt für Wald, Schnee und Landschaft

a) Eidg. Forschungsanstalt WSL

Zürcherstr. 111, 8903 Birmensdorf, Tel. 044 739 21 11

b) FNP Sottostazione Sud delle Alpi

Via Belsoggiorno 22, CP 57, 6504 Bellinzona-Ravecchia, Tel. 091 821 52 31

Eidgenössische Forschungsanstalt für Obst-, Wein- und Gartenbau (FAW)

Postfach 185, CH-8820 Wädenswil, Tel. 044 783 61 11, Fax 044 780 63 41,

info@faw.admin.ch, www.faw.ch

Fördervereine

IG Pro Kastanie Zentralschweiz

Reussstrasse 4, 6038 Gisikon, Tel. 041 450 21 38, Fax 041 450 21 37,

rigi-rondell@dplanet.ch, www.kastanien.net

Pro Kastanie Murg

Siten, 8877 Murg, Tel. 081 738 23 48, joskuehne@bluewin.ch,

www.kastanien.net

Groupement Chablaisien des Propriétaires des Châtaigneraies

Jean Christ (président), 079 321 23 63

Associazione dei castanicoltori della Svizzera italiana

Tel. 091 610 16 30, Fax 091 610 16 39

info@regionemalcantone.ch, www.regionemalcantone.ch

Literatur

Bündner Wald 6/96

von Conedera, Marco

Eidgenössische Forschungsanstalt für Wald, Schnee und Landschaft,

Sottostazione Sud delle Alpi, Bellinzona

Edelkastanien, Anbau – Verwertung – Sorten

von Rusterholz, Peter und Husistein, Alfred

Separatdruck aus der Schweiz. Zeitschrift für Obst- und Weinbau Nr. 6/1999.

Eidgenössische Forschungsanstalt Wädenswil.

Marronipfannen
aus Schmiedeeisen

Durchmesser 22 cm und 27 cm, gehämmert
oder ungehämmert
Dreibein (Schmiedeisen), gehämmert oder
ungehämmert, passend für alle Marronipfannen

Bezugsquelle/Auskünfte:
Bernhard Lenz, Ofen- und Cheminéebau
Kramgasse 28, CH-3011 Bern
Tel. +41 31 311 32 62, Fax +41 31 312 27 50
e-Mail: info@lenz-ofenbau.ch, Internet: www.lenz-ofenbau.ch

Marroniofen

Pfanne und Deckel schwarz emailliert
Höhe: 22 cm; Ø 24 cm, 230 Volt / 600 Watt
Mit der zusätzlichen Grillplatte können auch Fleisch- und
Gemüsestücke gegrillt und Crêpes gebacken werden.

Erhältlich im Haushalt-Fachhandel und in führenden
Warenhäusern oder bei
A. & J. Stöckli AG, CH-8754 Netstal
Tel. +41 55 645 55 55, Fax +41 55 645 54 55,
e-Mail: haushalt@stockli.ch
Online-Shop: www.stockliproducts.com

MOROBBIA - Marronigrill

Batterie- oder elektrobetrieben, zaubert er nach 20 bis 30 Minuten
im Holzfeuer oder über glühender Kohle drehend den echten Marroni-
geschmack auf Ihren Tisch, bekömmlich und gesund zugleich.

In zwei Grössen von 500 und 1000 Gramm Inhalt lieferbar. Er passt auch zu
Ihren Grillgeräten am Wohnzimmer- und Gartencheminée oder Cheminée-Ofen.

Nähere Angaben direkt beim Fabrikanten:
Richard Stucki, CH-8450 Andelfingen
Tel. +41 52 317 27 60, Fax +41 52 317 26 82,
e-mail: stucki@risag.ch; Internet: www.risag.ch